# くだものの保存食とお菓子

加藤里名

主婦と生活社

# sommaire

# 春
## printemps

# 夏
## été

## この本について

- くだものの重量は目安です。特にジャムはくだものの果肉や皮などの重量を量り、それに合わせて砂糖を計量してください。
- 保存食の保存期間は目安です。環境や気候などで状態が変わるため、保存期間内であっても見た目やにおいをよく確認してください。
- レモンやオレンジなどの柑橘類はポストハーベスト農薬不使用のものを使ってください。
- 「常温」とは約18℃を指します。
- 鍋は直径18cmのホーロー鍋を使用しています。
- 電子レンジは600Wのものを使用しています。
- オーブンは電気のコンベクションオーブンを使用しています。焼成温度、時間は機種により異なりますので、様子を見ながら焼いてください。オーブンの火力が弱い場合は焼成温度を10℃上げてください。
- ひとつまみは指3本でつまんだくらいの量です。

# 秋

automne

# 冬

hiver

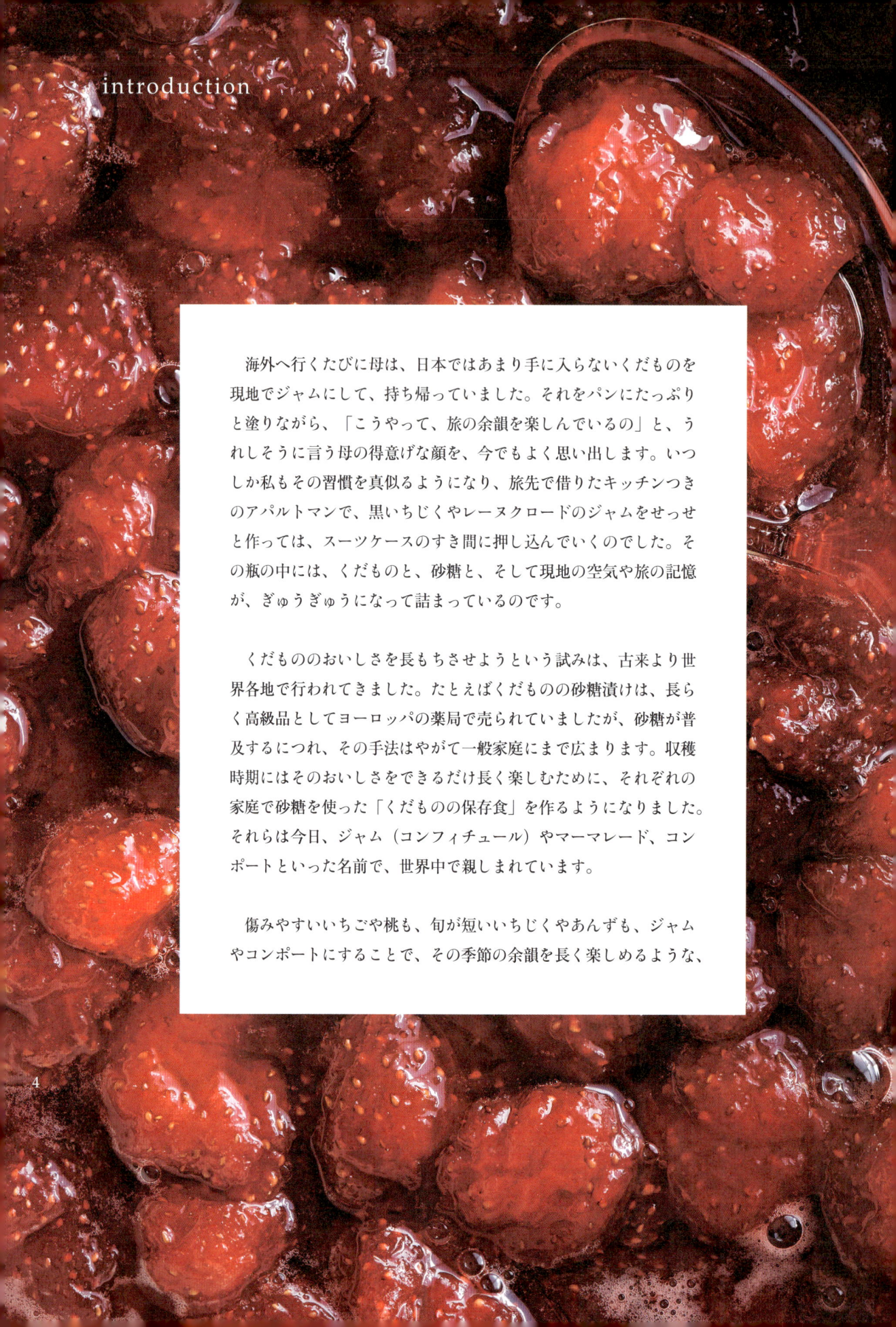

　海外へ行くたびに母は、日本ではあまり手に入らないくだものを現地でジャムにして、持ち帰っていました。それをパンにたっぷりと塗りながら、「こうやって、旅の余韻を楽しんでいるの」と、うれしそうに言う母の得意げな顔を、今でもよく思い出します。いつしか私もその習慣を真似るようになり、旅先で借りたキッチンつきのアパルトマンで、黒いちじくやレーヌクロードのジャムをせっせと作っては、スーツケースのすき間に押し込んでいくのでした。その瓶の中には、くだものと、砂糖と、そして現地の空気や旅の記憶が、ぎゅうぎゅうになって詰まっているのです。

　くだもののおいしさを長もちさせようという試みは、古来より世界各地で行われてきました。たとえばくだものの砂糖漬けは、長らく高級品としてヨーロッパの薬局で売られていましたが、砂糖が普及するにつれ、その手法はやがて一般家庭にまで広まります。収穫時期にはそのおいしさをできるだけ長く楽しむために、それぞれの家庭で砂糖を使った「くだものの保存食」を作るようになりました。それらは今日、ジャム（コンフィチュール）やマーマレード、コンポートといった名前で、世界中で親しまれています。

　傷みやすいいちごや桃も、旬が短いいちじくやあんずも、ジャムやコンポートにすることで、その季節の余韻を長く楽しめるような、

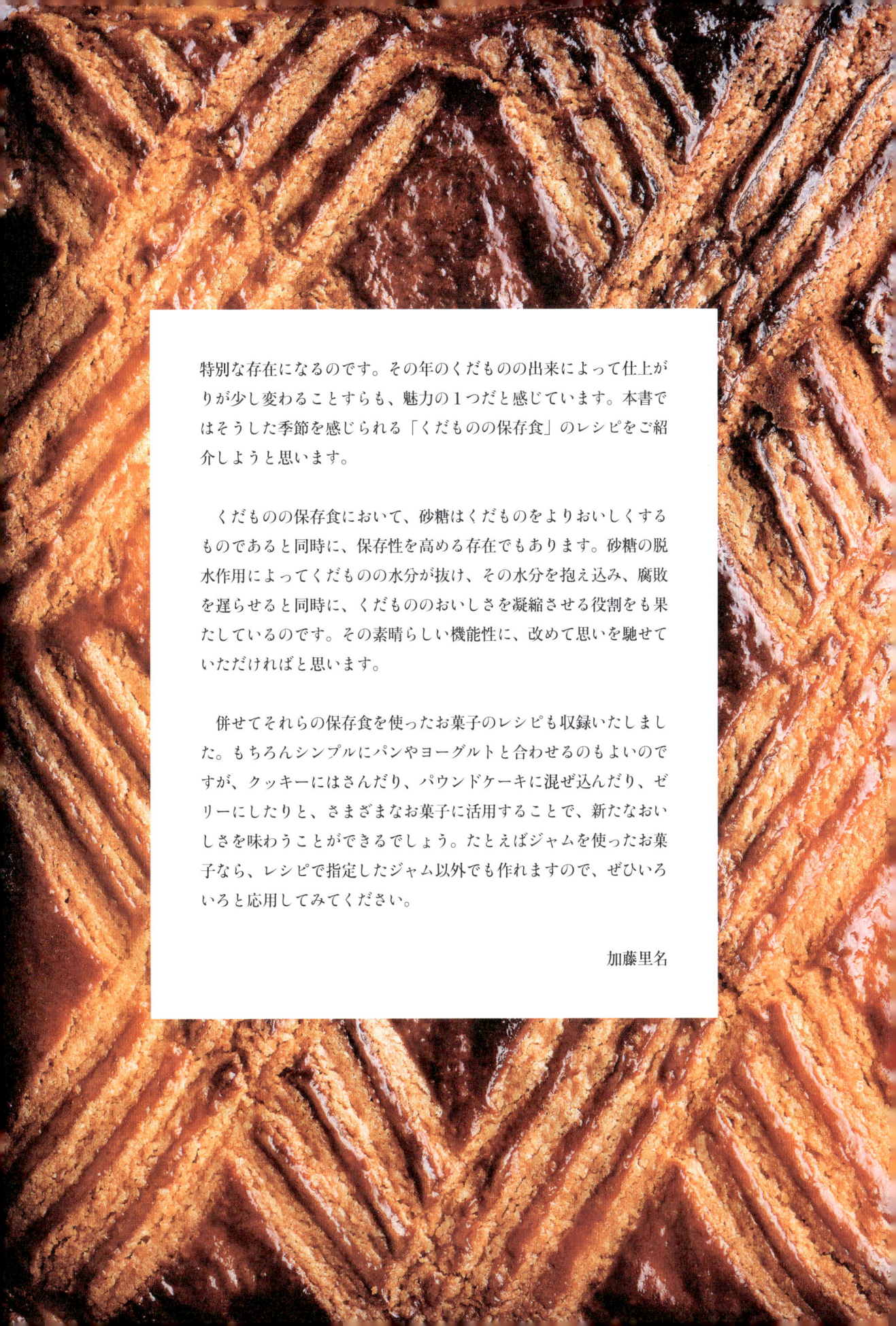

特別な存在になるのです。その年のくだものの出来によって仕上がりが少し変わることすらも、魅力の1つだと感じています。本書ではそうした季節を感じられる「くだものの保存食」のレシピをご紹介しようと思います。

　くだものの保存食において、砂糖はくだものをよりおいしくするものであると同時に、保存性を高める存在でもあります。砂糖の脱水作用によってくだものの水分が抜け、その水分を抱え込み、腐敗を遅らせると同時に、くだもののおいしさを凝縮させる役割をも果たしているのです。その素晴らしい機能性に、改めて思いを馳せていただければと思います。

　併せてそれらの保存食を使ったお菓子のレシピも収録いたしました。もちろんシンプルにパンやヨーグルトと合わせるのもよいのですが、クッキーにはさんだり、パウンドケーキに混ぜ込んだり、ゼリーにしたりと、さまざまなお菓子に活用することで、新たなおいしさを味わうことができるでしょう。たとえばジャムを使ったお菓子なら、レシピで指定したジャム以外でも作れますので、ぜひいろいろと応用してみてください。

加藤里名

# 道具について

## ustensiles

**1　粉ふるい**

おもに焼き菓子を作る際、粉類をふるい入れるときに使用。だまにならず、空気を含んで生地がふんわりとします。目の細かいものがおすすめ。

**2　ボウル**

焼き菓子の生地やゼリー液などを混ぜるときはステンレス製の直径21cm前後のボウルが便利。少し小さめのものもいくつか用意しておきましょう。

**3　カード**

スコーンやタルトなど、冷やしておいたバターを切り混ぜて生地を作るときに。ドーナツのようなパン生地を作るときにも使います。

**4　ゴムべら**

しなやかで丈夫な耐熱性のシリコン製のものを使用しています。ジャムを混ぜながら煮る、生地を混ぜる、クリームを塗り広げるなど用途はさまざま。

**5　めん棒**

クッキーやスコーンなどの生地を平たくのばすときに使用。長さ40〜50cmのものだと作業がしやすく、厚みが均一になりやすいです。

**6　グレーター**

レモンやオレンジの皮をすりおろすときに。目詰まりしにくく、ふんわりとすりおろすことができます。おろし器で代用しても構いません。

**7　泡立て器**

空気を含ませながら混ぜたいときに。ワイヤーがしっかりしていて本数が多いものは、一度に多くの空気を取り込むことができます。

**8　レードル**

玉じゃくしの一種。すくう部分がしずく形になっているものだとジャムを瓶に詰めるとき、ムースなどを容器に流し入れるときにスムーズです。

**9　はけ**

天然毛、ナイロン製、シリコン製など好みのもので。フィナンシェやマドレーヌの型にバターを塗るとき、焼き菓子のつや出し用に卵黄を塗るときなどに。

**10　ホーロー鍋**

ジャムやコンポート作りには熱伝導率がよく、酸に強いホーロー鍋がおすすめ。今回は直径18cmの片手鍋を使用。アルミ製は酸に弱いので避けてください。

**11　はかり**

誤差の少ないデジタルタイプなら計量が正確です。ボウルなどをのせてから重さをゼロにできる風袋引き機能があるとらくちん。

**12　ハンドミキサー**

パウンドケーキやマフィンの生地を作るとき、生クリームを泡立てるときなどに使います。混ぜる時間が記載してある場合でも必ず状態を見て判断を。

# 材料について

ingrédients

**1　レモン果汁**

おもにジャムやコンポートに使用。ジャムに使用するととろみがつきやすくなり、コンポートに使用するとくだものが変色しにくくなります。市販のレモン果汁でもOK。

**2　薄力粉**

きめが細かく、軽い食感に仕上がる製菓用の「スーパーバイオレット」を使っています。クッキーやスコーンは、あればさくほろ食感が楽しめる「エクリチュール」がおすすめ。

**3　砂糖**

基本的には味にくせのないグラニュー糖を使用していますが、こくや風味を出したいときはきび砂糖を、一部のクッキー生地には口溶けのよい粉砂糖を使用しています。

**4　ベーキングパウダー**

焼き菓子をふっくらさせるための膨張剤。ケーキ、クッキー、スコーンなどに。多く使用すると苦みが出るので分量は守ってください。

**5　卵**

できるだけ新鮮なものを使いましょう。レシピは正味のgを記載しています。Mサイズ全卵1個＝正味50g（卵黄20g、卵白30g）を目安にしてください。

**6　アーモンドパウダー**

アーモンドを粉末にしたもの。焼き菓子に加えるとアーモンド特有の香ばしさやこくが加わり、しっとりとした食感になります。

**7　粉ゼラチン**

動物の皮や骨などに含まれるコラーゲンから作られた凝固剤。ゼリーにする場合、液体1ℓに対して粉ゼラチン15〜25gが目安のものを使っています。

**8　バター**

食塩不使用のバターを使用。下準備に「常温にもどす」と記載がある場合は、指がすっと入るくらいまでやわらかくしてください。

# 保存について

## conservation

保存容器は必ず消毒していただきたいのですが、消毒法によって保存期間が変わります。
ジャムは煮沸消毒した保存瓶に詰め、さらに脱気まですると長期保存が可能です。
糖度が低いコンポートは冷蔵で約1週間（くだものによっては約2週間）もちます。
コンポートの場合はアルコール消毒した保存容器で保存してください。

### アルコール消毒

もっとも簡易的な消毒法です。保存瓶（保存容器）とふたは中性洗剤でよく洗い、ペーパータオルで水けを拭きます。さらに食品用除菌スプレー（またはアルコール度数が35度以上のお酒）を吹きかけ（a）、ペーパータオルで全体に塗り広げるように拭いてください（b）。ジャムは熱いうちに詰め、軽くふたをのせた状態で冷まします。完全に冷めたらしっかりふたをして、冷蔵室へ。ジャム、コンポートともに保存期間は冷蔵で約1週間が目安です。

### 煮沸消毒 ＊ジャムのみ

大きめの鍋に保存瓶とふたを入れ、たっぷりの水を加えて中火で熱し、沸騰したら弱火で10分ほど加熱します（c）。急激な温度変化で瓶が割れないよう、水の状態から加熱してください。トングや菜箸などで熱湯が手にかからないように注意しながら取り出し、瓶の口を下にして網にのせ、自然乾燥させます（d）。ジャムが熱いうちに詰め、ふたを閉めたらひっくり返して、そのまま冷まします。ジャムの保存期間は常温で約1か月（開封後は冷蔵で約2週間）が目安です。

### 煮沸消毒＋脱気 ＊ジャムのみ

脱気をすると中の空気が抜け、さらに長もちします。煮沸消毒した保存瓶にジャムを詰め、ふたをゆるく閉めます。鍋に入れ、瓶が7割ほど浸るくらいの水を加えて中火で熱し、沸騰したら弱火で15分ほど加熱を（e）。軍手などをして熱いうちに取り出し、しっかりとふたを閉め、逆さまにして冷まします（f）。ふたがぺこんとへこんだら脱気ができた合図。ジャムの保存期間は常温で約6か月（開封後は冷蔵で約2週間）が目安です。

a c

b d

f

# 基本の作り方について

## recette de base

ジャムは、くだものを弱めの中火で短時間で煮詰めることで、きれいな色が出て、
フレッシュなおいしさが残ります。一般的には糖度が60〜65度になるまで加熱します。
コンポートはくだものを糖度20〜30度のシロップで煮たもの。
煮崩れしにくいくだものが向いています。

### ジャム

1　鍋にくだもの、グラニュー糖、レモン果汁など
　　を入れて軽く混ぜ、グラニュー糖が溶けてくだ
　　ものから水分が出るまで常温におく（ a ）。
2　ゴムべらで混ぜながら強めの中火で熱し、煮立
　　ったら弱めの中火にする。あくを取りながら
　　（ b ）、鍋底から大きく混ぜ続けて20〜25分煮る。
3　ゆるくとろみがついたら（ c ）スプーンで少量を
　　冷水にたらす。底に沈めばOK（ d ）。冷めると
　　さらにとろみがつくので、ゆるいとろみでよい。
　　水面近くですぐに散る場合はもう少し煮て、再
　　び冷水にたらして確認する。
4　ジャムが熱いうちに消毒した保存瓶の口から1
　　cmほど下まで詰める（ e ）。

### コンポート

1　鍋に水、グラニュー糖、レモン果汁などを入れ
　　て強めの中火で煮立て、グラニュー糖を溶かす。
　　弱火にしてくだものを加え、落としぶたをして
　　10分ほど煮る（ f ）。
2　火を止め、そのまま冷ます。消毒した保存容器
　　に移し、冷蔵室で保存する。

a　c

b　d

e

f

# printemps 春

トライフル風　page 14

いちごのジャムの親指クッキー　page 15

13

# いちごとラズベリーのジャム

ジャムといえばいちごを思い浮かべる方も多いのではないでしょうか。ラズベリーを加えることで味と色に深みが出ますが、いちごだけで作っても十分においしいです。

[ 材料と下準備 ] 作りやすい分量
いちご … 正味400g
　　⟶ 水洗いしてへたを取り、水けを拭く
ラズベリー … 50g
グラニュー糖 … 270g
　（いちご＋ラズベリーの果肉の重量の60%）
レモン果汁 … 20g

note

・ラズベリーは冷凍のものでも構いません。

保存期間
保存容器の消毒法による（p.8参照）

1　鍋にいちごを入れ、手でまんべんなくつぶす（a）。ラズベリー、グラニュー糖、レモン果汁を加えて軽く混ぜ、グラニュー糖が溶けてくだものから水分が出るまで常温に1時間ほどおく。

2　1の鍋をゴムべらで混ぜながら強めの中火で熱し、煮立ったら弱めの中火にする。あくを取りながら、鍋底から大きく混ぜ続けて20〜25分煮る。

3　ゆるくとろみがついたら（b）冷水に少量をたらし、底に沈めばOK（水面近くですぐに散る場合はもう少し煮る）。

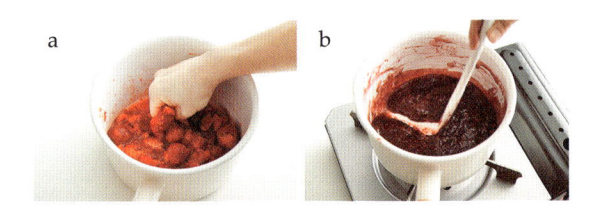

# トライフル風

スポンジ、クリーム、くだものなどを層状に重ねるイギリスのお菓子を簡易に作れるようにしました。市販のカステラを使ってより手軽に。

[ 材料と下準備 ] 4人分
いちごとラズベリーのジャムのホイップクリーム
　　生クリーム（乳脂肪分36%）… 200g
　　いちごとラズベリーのジャム（上記）… 60g
カステラ … 150g
　　⟶ 2cm角に切る
いちご … 10個＋3〜4個
　　⟶ 10個はへたを取って4つ割りにし、3〜4
　　　個はへたをつけたまま縦半分に切る
いちごとラズベリーのジャム（上記）… 100g

note

・ラズベリージャム（p.28）やブルーベリージャム（p.32）などの酸味の強いジャムでも作れます。くだものを好みのものに代えても構いません。
・小さめのガラスの器に1人分ずつ盛っても構いません。

1　いちごとラズベリーのジャムのホイップクリームを作る。ボウルに生クリームといちごとラズベリーのジャムを入れ、ボウルの底を氷水にあてながらハンドミキサーの高速で泡立てる。とろみが強くなり、すくうとつのがゆるくおじぎをするくらい（七分立て）になったらOK（a）。

2　器にカステラ、4つ割りにしたいちご10個分、いちごとラズベリーのジャム、1のいちごとラズベリーのジャムのホイップクリームの順に2回重ねる。ゴムべらで表面を平らにし、縦半分に切ったいちご3〜4個分をのせる。

14

# いちごのジャムの親指クッキー

アメリカでは親指のあとをつけるという意味で「サムプリントクッキー」と呼ばれることも。抜き型を使わずに作れるのがうれしい。

[ **材料と下準備** ] 直径5cm 20個分

バター（食塩不使用）… 50g
　　➡ 常温にもどす
グラニュー糖 … 50g
全卵 … 15g
　　➡ 常温にもどし、ほぐす
A [ 薄力粉 … 80g
　　ベーキングパウダー … 1g
いちごとラズベリーのジャム（左記）… 60g

＊オーブンはほどよいタイミングで180℃に予熱する。

note

・ラズベリージャム（p.28）やあんずジャム（p.54）でも作れます。
・シルパンはグラスファイバーをメッシュ状の穴をふさがないようにシリコンコーティングしたマット。余分な油分や水分が落ち、さくさくな焼きあがりになります。オーブン用シートでも構いません。
・クッキーは湿気やすいため、シリカゲル（乾燥剤）といっしょに保存容器に入れておくと安心。シリカゲルは製菓材料店や100円ショップなどで購入できます。

**1** ボウルにバターを入れて泡立て器でなめらかになるまで混ぜ、グラニュー糖を加え、なじむまですり混ぜる。全卵を2回に分けて加え、そのつどつやが出るまでよく混ぜる。

**2** Aを2回に分けてふるい入れ、そのつどゴムべらで縦に2〜3回切り、片手でボウルを回しながら、底からすくい返すようにして全体を15回ほど混ぜる。粉けがなくなったらボウルの側面に生地を5回ほどこすりつけ（a）、ひとつにまとめる。ラップで包み（b）、冷蔵室で1時間ほど冷やす。

**3** 10gずつ分けて丸め（c）、シルパン（またはオーブン用シート）を敷いた天板に間隔をあけて並べる。手のひらで軽く押さえて平たい円形にし（d）、さらに親指で真ん中をくぼませ（e）、いちごとラズベリーのジャムをのせる（f）。

**4** 予熱完了後に170℃に下げたオーブンで14分ほど焼き、クッキーに薄く焼き色がついたら網にのせて冷ます。

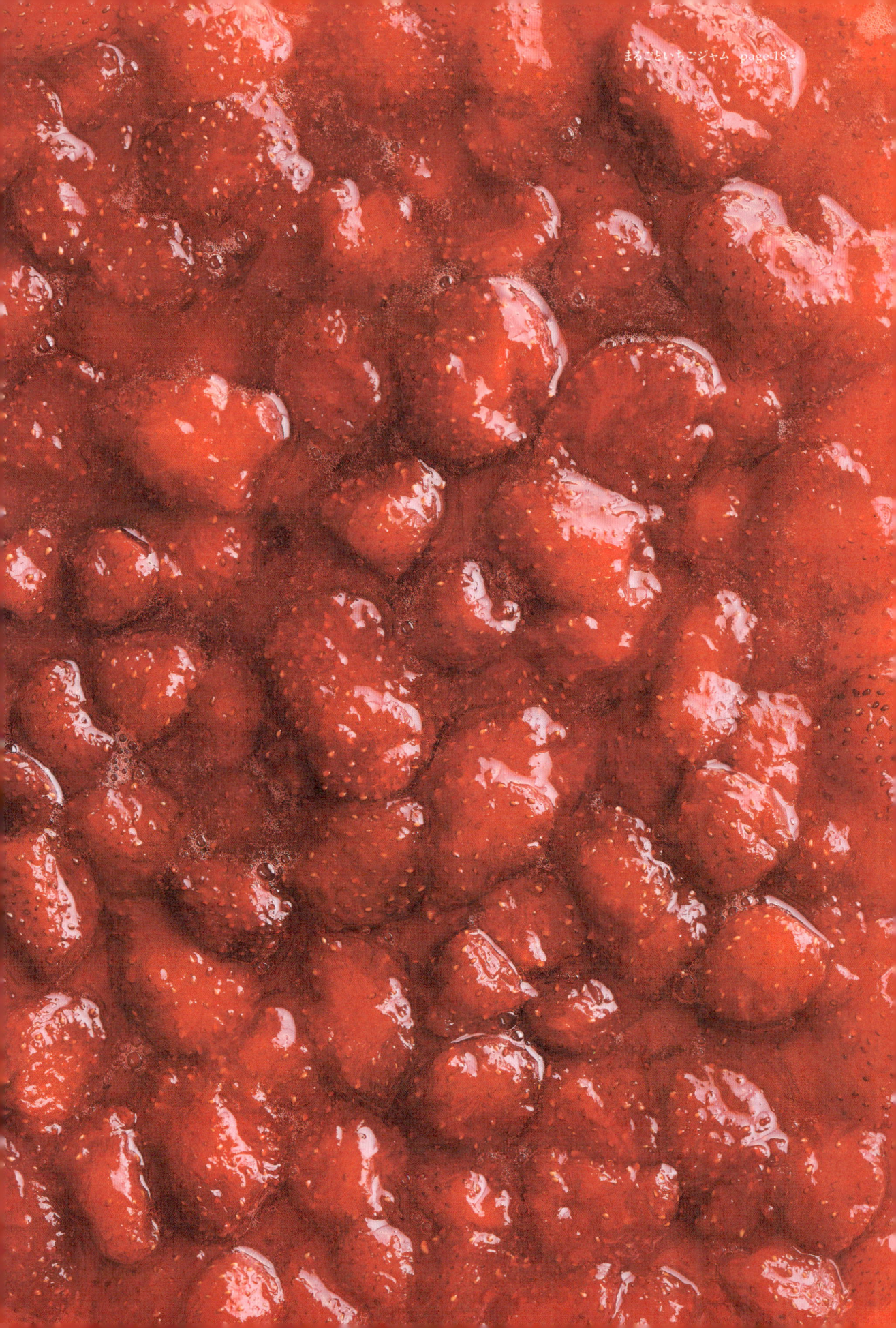

# まるごといちごジャム

母がよく作ってくれたプレザーブスタイルのジャムを私なりに再現しました。いちごは小さめがおすすめ。果肉がまるごと入っていて、みずみずしい食感も楽しめます。混ぜすぎるとつぶれてしまうので、ときどき混ぜる程度で構いません。

[ **材料と下準備** ] 作りやすい分量

いちご … 正味400g
　──▶ 水洗いしてへたを取り、水けを拭く
グラニュー糖 … 240g
　（いちごの果肉の重量の60%）
レモン果汁 … 20g

[ note ]

・いちごはグラニュー糖をまぶしてひと晩おくことで浸透
　圧により水分が出て、煮崩れしにくくなります。

1　ボウルにすべての材料を入れ、軽く混ぜてラップをし、グラニュー糖が溶けるまで常温（夏は冷蔵室）にひと晩おく。

2　鍋で受けたざるに上げ、いちごの果肉とシロップに分ける（**a**）。

3　**2**の鍋のシロップを中火で熱し、煮立ったら中火のまま5分ほど煮詰める（**b**）。いちごの果肉を加え、あくを取りながら、ときどきゴムべらで混ぜて15〜20分煮る。

4　ゆるくとろみがついたら（**c**）冷水に少量をたらし、底に沈めばOK（水面近くですぐに散る場合はもう少し煮る）。

18

保存期間

保存容器の消毒法による（p.8参照）

# アーモンドケーキ

ジャムとマスカルポーネクリームに合うよう、スポンジ生地にはアーモンドパウダーを混ぜ込んで、アーモンド風味の素朴な味と食感にしました。口の中で3つがいっしょになることで、ぐんとおいしくなります。

[ 材料と下準備 ] 直径15cm丸型（底取）1台分

アーモンドケーキ
　バター（食塩不使用）… 15g
　　　→ 常温にもどす
　全卵 … 100g
　　　→ 常温にもどす
　グラニュー糖 … 50g
　はちみつ … 10g
　A [ 薄力粉 … 60g
　　　アーモンドパウダー … 20g
マスカルポーネクリーム
　マスカルポーネ … 30g
　生クリーム（乳脂肪分36%）… 70g
　グラニュー糖 … 10g
まるごといちごジャム（左記）… 100g

＊型の底と側面にオーブン用シートを敷く。
＊オーブンはほどよいタイミングで天板ごと180℃に予熱する。

note

・本書のほかのジャムでも作れます。
・作り方5で、1の溶かしバターが冷めていたら再び湯せんにかけ、約50℃に温めてください。

1　アーモンドケーキを作る。小さめのボウルにバターを入れ、湯せん（約70℃）にかけて溶かす（ a ）。

2　別のボウルに全卵を入れ、ハンドミキサーのビーター（羽根）で溶きほぐす。グラニュー糖とはちみつを加え、湯せん（約70℃）にかけながらビーターで混ぜる（ b ）。グラニュー糖が溶け、38〜40℃に温まったら湯せんからはずす。

3　ハンドミキサーの高速で2分30秒ほど泡立てる。白っぽくなり、すくい上げるとゆっくり落ち、落ちた生地が折り重なって積もるくらいになったらOK（ c ）。さらに低速で30秒ほどゆっくり円を描くように混ぜてきめを整える。

4　Aを一度にふるい入れ、片手でボウルを回しながら、ゴムべらで底からすくい返すようにして全体を20回ほど混ぜる。粉けがなくなればOK。

5　1の溶かしバター（約50℃）に4をゴムべらでひとすくいして加え（ d ）、混ぜる。

6　4に5を加え、片手でボウルを回しながら、底からすくい返すようにして全体を15回ほど混ぜる（ e ）。バターの筋がなくなり、つやが出たらOK。

7　型に流し入れ、型を高さ10cmほどのところから台に2回落とす。予熱完了後に170℃に下げたオーブンで25分ほど焼く。指で軽く押してみて弾力があれば焼きあがり。型を高さ10cmほどのところから台に2回落とし、型からはずして、オーブン用シートごと網にのせて冷ます。アーモンドケーキのできあがり。

8　マスカルポーネクリームを作る。ボウルにマスカルポーネ、生クリーム、グラニュー糖を入れ、ボウルの底を氷水にあてながらハンドミキサーの高速で泡立てる。とろみが強くなり、すくうとつのがゆるくおじぎをするくらい（七分立て）になったらOK。

9　7のアーモンドケーキのオーブン用シートをはずし、8のマスカルポーネクリームをのせ、ゴムべらで塗り広げる。真ん中を少しくぼませ（ f ）、まるごといちごジャムをのせる。

19

20

# いちごのセミドライ ／ いちごシロップ

この2つの保存食は同時に作れます。セミドライを作ると、自動的に副産物としてシロップもできあがるのです。セミドライの凝縮された甘さはまさに焼き菓子向き。シロップは冷たいお菓子にぴったりです。

[ 材料と下準備 ] 作りやすい分量
いちご … 20〜25個（正味300g）
　　→ 水洗いしてへたを取り、水けを拭く
グラニュー糖 … 120g
　（いちごの果肉の重量の40%）

＊オーブンはほどよいタイミングで100℃に予熱する。

note

・作り方3で、焼成したいちごの果肉を触ってみて（やけどに気をつける）、グジュグジュしないくらいに水分が飛んだら加熱をストップします。
・いちごのセミドライは冷めたら保存容器やジッパーつき保存袋に移し、冷蔵室で保存を。冷凍保存する場合はジッパーつき保存袋（冷凍用）に入れ、冷凍室へ。使用する際は冷蔵室に移して解凍してください。
・いちごシロップのできあがり量は180〜200gが目安。炭酸水（無糖）などで割って飲むとおいしいです。

1　鍋にすべての材料を入れ、軽く混ぜてラップをし、グラニュー糖が溶けるまで常温（夏は冷蔵室）にひと晩おく。

2　1の鍋を中火で熱し、煮立ったら弱火にして、あくを取りながら5分ほど煮る。火を止め、そのまま冷ます。

3　ボウルで受けたざるに上げ、いちごの果肉とシロップに分ける。いちごの果肉はオーブン用シートを敷いた天板に間隔をあけて並べ（a）、100℃のオーブンで80〜90分焼く。水分が飛んできたら加熱を止め、オーブンに入れたまま完全に冷めるまで放置する。シロップは保存容器に移す。

a

24

保存期間

いちごのセミドライ　冷蔵で約1週間／冷凍で約1か月
いちごシロップ　冷蔵で約2週間

# いちごのスコーン

セミドライの濃厚な甘さが絶妙のアクセントに。全体をホワイトチョコのやさしい甘みで
包み込みます。生地を混ぜすぎると焼きあがりがかたくなるのでご注意を。

[ **材料と下準備** ] 6×6㎝6個分

A
- 薄力粉 … 120g
- 強力粉 … 120g
- ベーキングパウダー … 8g

B
- バター（食塩不使用）… 70g
  → 1㎝角に切り、冷蔵室で冷やしておく
- グラニュー糖 … 40g
- 塩 … ふたつまみ

C
- 牛乳 … 120g
- レモン果汁 … 10g
  → とろっとするまで混ぜ、冷蔵室で冷やして
  おく

いちごのセミドライ（p.24）… 40g
→ 3等分に切る

ホワイトチョコレート … 40g
→ 細かく刻む

卵黄 … 適量

打ち粉（強力粉）… 適量

*オーブンはほどよいタイミングで210℃に予熱す
る。

note

・作り方1で生地がベタついてきたら、いったん冷蔵室に
　入れて冷やすとベタつかなくなります。
・作り方4で、包丁で一気にスパッと切り分けると層がつ
　ぶれず、高さのあるスコーンになります。

1 ボウルにAをふるい入れてBを加え、カードでバターを切るように混ぜる（a）。バターが細かくなってきたら指先でつぶしたり（b）、両手でこすり合わせたりしながら粉となじませる。バターのかたまりがなくなったらOK。

2 Cを回し入れ、カードで切るように混ぜる。9割ほど混ざったら、いちごのセミドライとホワイトチョコレートを加えて具材が散らばるようにまんべんなく混ぜ、なじんだら手でボウルに押しつけるようにしてひとまとめにし（c）、台に移す。

3 めん棒で20×15cmほどにのばし、カードで半分に切って（d）重ね（e）、向きを90°変える。のばして切って重ねる、を同様にあと2回繰り返す。ラップで包み（f）、冷蔵室で30分ほど冷やす。

4 打ち粉をふった台に3をのせ、生地にも打ち粉をふり、めん棒で18×12×厚さ2.5cmほどにのばす（g）。包丁で端を薄く切り落としながら6等分に切り分ける（h）。

5 オーブン用シートを敷いた天板に間隔をあけて並べ、はけで卵黄を塗る。予熱完了後に200℃に下げたオーブンで15分ほど焼き、焼き色がついたら網にのせて冷ます。

# いちごのヨーグルトムース

いちごシロップのかわいらしいピンク色と、ほのかな甘酸っぱさが魅力のムースです。ヨーグルトを加えてヘルシーに仕上げます。型は好みのものをお使いください。

[ 材料と下準備 ]

直径 6.7 ×高さ 3.6cmのゼリー型 6個分

生クリーム（乳脂肪分 36%）… 200g

いちごシロップ（p.24）… 120g

A ┌ 冷水 … 20g
  └ 粉ゼラチン … 4g
  ⟶ 冷水に粉ゼラチンをふり入れ、冷蔵室で10分ほどふやかす

プレーンヨーグルト（無糖）… 200g
  ⟶ ボウルにざるを重ねてペーパータオルを敷き、ヨーグルトを入れてラップをし、100gになるまで冷蔵室で 1時間ほど水きりする（a）

いちご … 適量
  ⟶ 5mm角に切る

note

・型を使用せず、グラスなどに直接流し入れて作ってもOKです。

1 ボウルに生クリームを入れ、ボウルの底を氷水にあてながらハンドミキサーの高速で泡立てる。とろみがつき、すくうととろとろと流れ落ち、あとがすぐに消えるくらい（六分立て）になったらOK（b）。

2 耐熱ボウルにいちごシロップを入れ、ラップをせずに電子レンジで40秒ほど加熱し、温める（約50℃）。Aを加えてゴムべらでよく混ぜ、ゼラチンを溶かす。ボウルの底を氷水にあて、やさしく混ぜながら冷ます（c）。

3 別のボウルに水きりしたヨーグルトと 2を入れ、泡立て器でなじむまで混ぜる（d）。

4 3に 1を 2回に分けて加え、そのつど片手でボウルを回しながら、ゴムべらで底からすくい返すようにして全体を30回ほど混ぜる（e）。均一になったら型に流し入れ（f）、冷蔵室で 3時間ほど冷やし固める。

5 ムースの縁をスプーンの柄などで軽く押さえてすき間を作り（g）、型をぬるま湯（約40℃）にさっとつける（h）。皿をかぶせてひっくり返し、ムースを取り出していちごをのせる。

a b c d e f g h

28

リュネット　page 31

# ラズベリージャム

ラズベリーもジャム向きのくだものです。チーズなどにもよく合います。冷凍のものを使う場合は凍ったまま作り始めても大丈夫です。

[ **材料と下準備** ] 作りやすい分量
ラズベリー … 400g
　　──→ さっと水洗いして汚れを取り、水けを拭く
グラニュー糖 … 240g
　（ラズベリーの果肉の重量の60%）
バルサミコ酢 … 20g
黒粒こしょう … 5粒
　　──→ 瓶の底などで粗く砕く

note
・ラズベリーは冷凍でもOK。水洗いは不要です。
・レモン果汁の代わりにバルサミコ酢を使用し、深みを出しました。もちろんレモン果汁でも作れます。

1 鍋にすべての材料を入れて軽く混ぜ、グラニュー糖が溶けてラズベリーから水分が出るまで常温に1時間ほどおく。

2 1の鍋をゴムべらで混ぜながら強めの中火で熱し、煮立ったら弱めの中火にする。あくを取りながら、鍋底から大きく混ぜ続けて20〜25分煮る。

3 ゆるくとろみがついたら（a）冷水に少量をたらし、底に沈めばOK（水面近くですぐに散る場合はもう少し煮る）。

保存期間
保存容器の消毒法による
（p.8参照）

# リンツァートルテ

ラズベリーなどの赤い実のジャムをスパイス入りの生地にのせたオーストリアのお菓子。タルトとクッキーの中間のようなしっとりとした食感と格子模様が特徴です。

[ **材料と下準備** ] 直径18cmタルト型1台分
バター（食塩不使用） … 70g
　　──→ 常温にもどす
きび砂糖 … 60g
塩 … ひとつまみ
全卵 … 50g
　　──→ 常温にもどし、ほぐす
A ┌ 薄力粉 … 120g
　│ アーモンドパウダー … 40g
　│ シナモンパウダー … 1g
　└ クローブパウダー … 1g
ラズベリージャム（上記） … 150g
溶けない粉砂糖 … 適量

＊オーブンはほどよいタイミングで天板ごと190℃に予熱する。

note
・火通りをよくするため、天板もいっしょに予熱をします。

1 ボウルにバターを入れて泡立て器でなめらかになるまで混ぜ、きび砂糖と塩を加え、なじむまですり混ぜる。全卵を3回に分けて加え、そのつどつやが出るまでよく混ぜる。

2 Aを2回に分けてふるい入れ、そのつどゴムべらで縦に2〜3回切り、片手でボウルを回しながら、底からすくい返すようにして全体を20回ほど混ぜる。粉けがなくなればOK。

3 2を100gほど取り分け、8切の星口金をセットした絞り出し袋に入れる。

4 型に残りの2を入れてゴムべらで底と側面に塗り広げ（a）、ラズベリージャムを塗り広げる（b）。3を格子状に絞り出し、さらに縁に1周絞り出す（c）。

5 予熱完了後に180℃に下げたオーブンで30分ほど焼き、型から取り出し、網にのせて冷ます。溶けない粉砂糖を茶こしに入れ、縁にふる。

# リュネット

リュネットはフランス語で「めがね」という意味。クッキー2枚でジャムをはさみ、上面のクッキーには穴を2つ開け、めがね形に仕上げます。

[ **材料と下準備** ] 9 × 6.5cmのオーバル波型7組分

A
- バター（食塩不使用）… 50g
  ➡ 常温にもどす
- 塩 … 1g
- バニラエッセンス … 5滴

粉砂糖 … 35g
全卵 … 15g
  ➡ 常温にもどし、ほぐす
アーモンドパウダー … 20g
薄力粉 … 80g
溶けない粉砂糖 … 適量
ラズベリージャム（左記）… 70g

＊オーブンはほどよいタイミングで180℃に予熱する。

note

・あんずジャム（p.54）やルバーブジャム（p.66）でも作れます。
・オーバル波型がない場合は菊のクッキー抜き型で作ってもかわいいです。
・シルパンはグラスファイバーをメッシュ状の穴をふさがないようにシリコンコーティングしたマット。余分な油分や水分が落ち、さくさくな焼きあがりになります。オーブン用シートでも構いません。

1　ボウルに**A**を入れて泡立て器でなめらかになるまで混ぜ、粉砂糖をふるい入れ、なじむまですり混ぜる。全卵を2回に分けて加え、そのつどつやが出るまでよく混ぜる。さらにアーモンドパウダーをふるい入れ、なじむまで混ぜる。

2　薄力粉を2回に分けてふるい入れ、そのつどゴムべらで縦に2〜3回切り、片手でボウルを回しながら、底からすくい返すようにして全体を15回ほど混ぜる。粉けがなくなったらボウルの側面に生地を5回ほどこすりつけ（**a**）、ひとつにまとめる。

3　オーブン用シート2枚ではさみ、めん棒で厚さ3mmほどにのばす。オーブン用シートごとラップで包み、冷蔵室で3時間ほど冷やす。

4　オーバル波型で抜いて（**b**）シルパン（またはオーブン用シート）に間隔をあけて並べ、1/2量はさらに口金の円形部分で2か所抜く（**c**）。残った生地はひとつにまとめ、オーブン用シート2枚ではさみ、めん棒で厚さ3mmほどにのばして同様に抜く。

5　予熱完了後に170℃に下げたオーブンで12〜14分焼き、網にのせて冷ます。

6　溶けない粉砂糖を茶こしに入れ、口金で抜いたクッキーにふる（**d**）。耐熱ボウルにラズベリージャムを入れ、ラップをせずに電子レンジで20秒ほど加熱して温め、残りのクッキーに塗り広げる（**e**）。粉砂糖をふったクッキーを重ねてはさむ（**f**）。

# ブルーベリージャム

ブルーベリージャムも、作りやすく、焼き菓子の生地に混ぜ込むなどして応用しやすいジャムです。甘みの中に少々の酸味があり、あと味はさっぱり。冷凍のものでも作れます。

[ **材料と下準備** ] 作りやすい分量

ブルーベリー … 400g

　──→ さっと水洗いして汚れを取り、水けを拭く

グラニュー糖 … 240g

　（ブルーベリーの果肉の重量の60%）

レモン果汁 … 20g

水 … 40g

note

・ブルーベリーは冷凍でもOK。水洗いは不要です。

・ほかのベリー類を混ぜて作ってもおいしいです。合計で
　400gになっていれば問題ありません。

1　鍋にすべての材料を入れて軽く混ぜ、グラニュー糖が溶けてブルーベリーから水分が出るまで常温に1時間ほどおく（**a**）。

2　**1**の鍋をゴムべらで混ぜながら強めの中火で熱し、煮立ったら弱めの中火にする。あくを取りながら、鍋底から大きく混ぜ続けて25〜30分煮る。

3　ゆるくとろみがついたら（**b**）冷水に少量をたらし、底に沈めばOK（水面近くですぐに散る場合はもう少し煮る）。

a　b

保存期間

保存容器の消毒法による（p.8参照）

# ブルーベリージャムのフォンテーヌブロー

フォンテーヌブローは、フロマージュ・ブランと泡立てた生クリームで作るフランスのスイーツ。フロマージュ・ブランの代わりに水きりヨーグルトを使って手軽にしました。

[ 材料と下準備 ]

直径 6.5 ×高さ 7 cmのココット 4 個分

生クリーム（乳脂肪分45%）… 100g

グラニュー糖 … 10g

プレーンヨーグルト（無糖）… 400g

⟶ ボウルにざるを重ねてペーパータオルを敷き、ヨーグルトを入れてラップをし、200g になるまで冷蔵室で 1 時間ほど水きりする（ a ）

ブルーベリージャム（左記）… 適量

note

・本書のほかのジャムでも作れます。

・ガーゼはなくてもOK。器はココット以外の容器でも構いません。

1 ボウルに生クリームとグラニュー糖を入れ、ボウルの底を氷水にあてながらハンドミキサーの高速で泡立てる。筋が残り、すくうとぽったりと落ちるくらい（八分立て）になったらOK（ b ）。

2 別のボウルに水きりしたヨーグルトを入れてゴムべらでほぐす。1 を 2 回に分けて加え（ c ）、そのつど片手でボウルを回しながら、底からすくい返すようにして全体を10 回ほど混ぜる（ d ）。なじめばOK。

3 清潔なガーゼを敷いたココットに入れ、食べる直前にブルーベリージャムをのせる。

a　b　c　d

びわの型なしタルト page 39

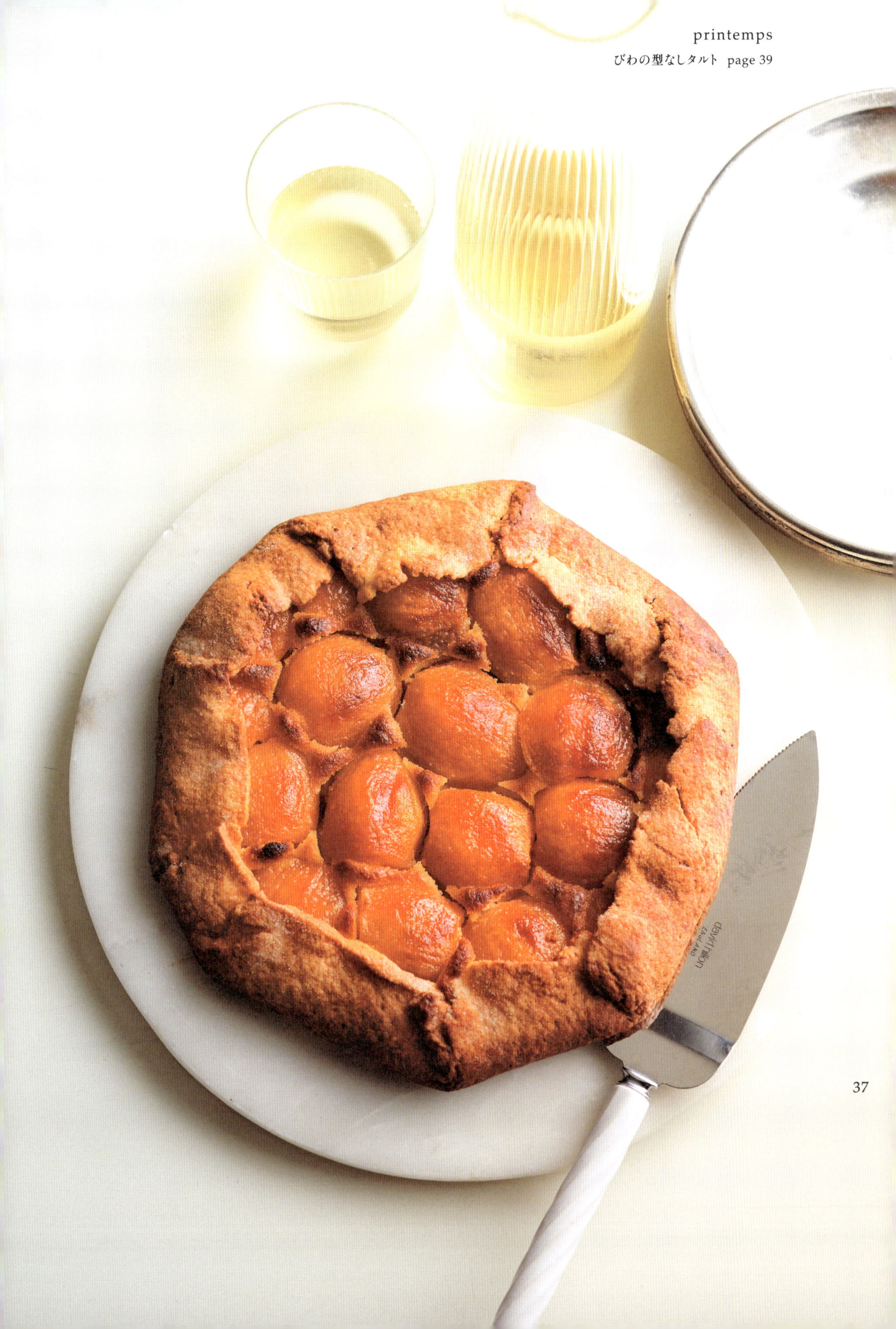

# びわのコンポート

傷みやすいびわはコンポートにすることでおいしさを長く楽しめます。味がぼやけがちなので白ワインとローズマリーで香りづけし、多めのグラニュー糖で甘みをつけます。冷蔵室でひと晩冷やすと甘みがしっかり入ります。

[ **材料と下準備** ] 作りやすい分量
びわ … 大7〜8個（正味400g）

→ 水洗いして水けを拭く。上下を切り落とし、縦にぐるりと切り込みを入れ（ a ）、ひねって半分に割り（ b ）、スプーンで種を取り出し、皮をむく。すぐに塩水（たっぷりの水＋塩ひとつまみ）につける（ c ）

**A** ┌ 水 … 300g
│ 白ワイン … 100g
│ グラニュー糖 … 160g
│ 　（水＋白ワインの重量の40％）
│ レモン果汁 … 10g
└ ローズマリー … 1本

note

・切ったびわを塩水につけるのは変色防止のため。鍋に加える直前までつけておきましょう。

1 鍋に**A**を入れて強めの中火で煮立て、グラニュー糖を溶かす。弱火にしてびわを加え、落としぶたをして10分ほど煮る（ **d** ）。

2 火を止めてローズマリーを取り出し、そのまま冷ます。

a b

c d

38

保存期間
冷蔵で約1週間

# びわの型なしタルト

型なしで作れる簡単タルト。コンポートには甘みが深くしみ込んでいるので、焼いてもく
だものの甘さをしっかりと感じられます。ただしタルト生地には水分がしみ込まないよう、
アーモンドクリームを塗っておきましょう。ほかのコンポートで作ってもおいしいですよ。

[ **材料と下準備** ] 直径24cm1枚分

**タルト生地**

A ┌ 薄力粉 … 120g
  └ ベーキングパウダー … 1g

B ┌ バター（食塩不使用）… 60g
  │  ──→ 1cm角に切り、冷蔵室で冷やしておく
  │ グラニュー糖 … 25g
  └ 塩 … 1g

全卵 … 30g
 ──→ 冷蔵室で冷やしておき、使用する直前に
     ほぐす

**アーモンドクリーム**

バター（食塩不使用）… 30g
 ──→ 常温にもどす

グラニュー糖 … 30g

全卵 … 30g
 ──→ 常温にもどし、ほぐす

C ┌ アーモンドパウダー … 30g
  └ 薄力粉 … 5g

びわのコンポート（左記）… 半割14切れ
 ──→ 汁けをきる

グラニュー糖 … 適量

打ち粉（強力粉）… 適量

＊オーブンはほどよいタイミングで200℃に予熱する。

note

・洋梨のコンポート（p.90）や金柑とはちみつのコンポー
　ト（p.134）でも作れます。
・作り方1のAとBはフードプロセッサーで一気に混ぜて
　も構いません。ただし、作り方2で全卵を加えるときは
　ボウルに移してください。
・作り方4でのばす際、生地がゆるくなった場合はいったん
　ん冷蔵室で冷やすと作業がしやすくなります。

1 タルト生地を作る。ボウルに**A**をふるい入れて**B**を加え、
　カードでバターを切るように混ぜる（**a**）。バターが細か
　くなってきたら指先でつぶしたり（**b**）、両手でこすり合
　わせたりしながら粉となじませる。バターのかたまりがな
　くなったらOK。

2 全卵を加え、カードで切るように混ぜ、全体になじんでき
　たら手でひとまとめにし、台に移す。手のひらのつけ根で
　生地を10回ほど押し出し（**c**）、まとまったら丸めてラッ
　プで包み、冷蔵室で3時間ほど冷やす。

3 アーモンドクリームを作る。ボウルにバターを入れ、ハン
　ドミキサーの高速で1分ほど混ぜてなめらかにする。グラ
　ニュー糖を加えて高速で1分ほど混ぜ、ふんわりしたら全
　卵を3回に分けて加え、そのつどつやが出るまで高速で30
　秒～1分混ぜる。さらに**C**を一度にふるい入れ、全体にな
　じむまで高速で30秒～1分混ぜる。

4 台に**2**をのせて打ち粉をふり、めん棒でたたき、指で押し
　てみたときにあとが残るくらいのかたさにする。オーブン
　用シート2枚ではさみ、ときどき生地に打ち粉をふりなが
　ら（**d**）直径30cmほどの円形にのばす（**e**）。上面のオーブ
　ン用シートをはずし、フォークで全体に穴を開け（**f**）、
　**3**のアーモンドクリームを直径24cmほどに塗り広げる。

5 オーブン用シートごと天板にのせ、中央にびわのコンポー
　トを並べる（**g**）。外側の生地を内側に折り（**h**）、グラ
　ニュー糖を全体にふりかける。予熱完了後に190℃に下げた
　オーブンで40分ほど焼き、網にのせて冷ます。

été 夏

# 桃ジャム

皮もいっしょに煮ることできれいなピンク色に仕上がります。ほどよく熟していて香りが
よく、皮の色がきれいな桃がおすすめです。

[ 材料と下準備 ] 作りやすい分量
白桃 … 小3個（正味500g）

> ➡ 流水にあてながらやさしくこすってうぶ毛
> を取る。縦にぐるりと切り込みを入れ、ひ
> ねって半分に割り、種を取り出し、皮をむく。
> 果肉は1cm角に切り、皮はお茶パック1袋
> に入るぶんだけ入れる（a）

グラニュー糖 … 300g
　（桃の果肉の重量の60%）
レモン果汁 … 30g
ドライローズ … ひとつかみ

note

・ペクチンが少なく、また、変色しやすいのでレモン果汁
　を多めに加えます。
・長時間煮詰めると茶色っぽくなるので注意しましょう。

1　鍋に桃の果肉、お茶パックに入れた皮、グラニュー糖、レモン果汁を入れて軽く混ぜ、グラニュー糖が溶けて桃から水分が出るまで常温に30分ほどおく（b）。

2　1の鍋をゴムべらで混ぜながら強めの中火で熱し、煮立ったら弱めの中火にする。あくを取りながら、鍋底から大きく混ぜ続けて10分ほど煮る。お茶パックの汁けをきって取り出し、同様に10〜15分煮る（c）。

3　ゆるくとろみがついたら（d）冷水に少量をたらし、底に沈めばOK（水面近くですぐに散る場合はもう少し煮る）。ドライローズを加え、さっと混ぜる。

保存期間

保存容器の消毒法による（p.8参照）

# 桃ジャムのヨーグルトかき氷

桃ジャムをかき氷の氷とシロップにたっぷりとぜいたくに使いました。桃の甘みとヨーグルトの酸味が絶妙で食べ飽きません。

[ **材料** ] 2人分

A
- 桃ジャム（左記）… 100g
- プレーンヨーグルト（無糖）… 300g
- 牛乳 … 150g

B
- 桃ジャム（左記）… 100g
- 水 … 30g

**1** ボウルにAを入れ、泡立て器でよく混ぜる。かき氷器に付属の製氷カップに移し、冷凍室で5時間以上冷やし固める。

**2** ボウルにBを入れ、スプーンでよく混ぜる。

**3** 1をかき氷器にセットして削り、器に高く盛り、2をかける。

| note |

・かき氷器がない場合は、ジッパーつき保存袋（冷凍用）に混ぜたAを入れ、冷凍室に移し、1時間おきに袋の上からよくもみながら冷やし固めます（3回ほどもめばOK）。食べる直前にももみ、細かくほぐして器に盛りましょう。

桃のゼリー page 49

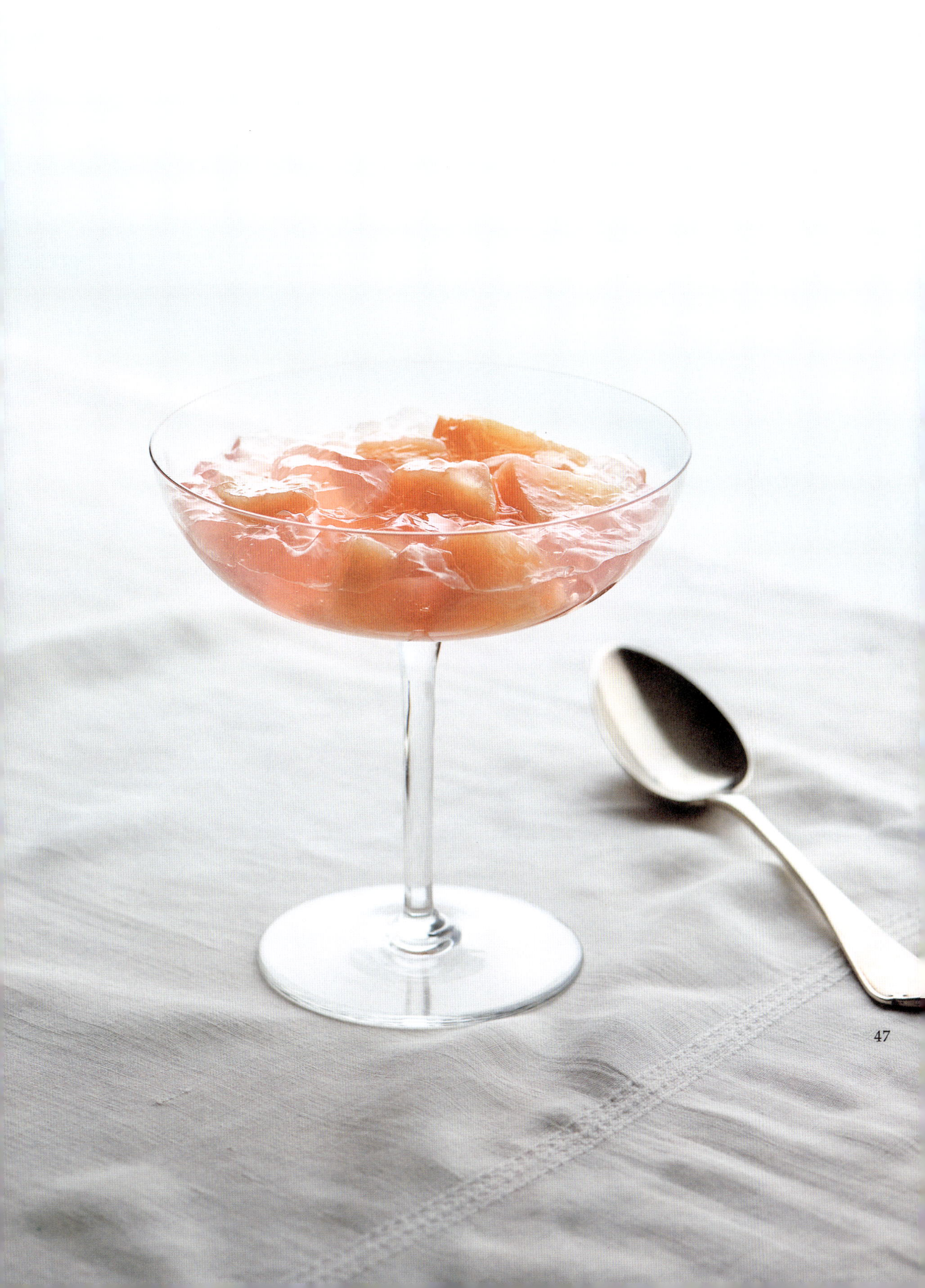

# 桃のコンポート

コンポートに使用する桃はほどよく熟しつつ、まだかたさも残っているものが、煮崩れしにくく、向いているでしょう。桃の甘さがより際立つように、ミントでさわやかに香りづけしています。食べきれないようであれば早めにコンポートにしてしまいましょう。

[ 材料と下準備 ] 作りやすい分量
白桃 … 小3個（正味500g）

→ 流水にあてながらやさしくこすってうぶ毛を取る。縦にぐるりと切り込みを入れ、ひねって半分に割り、種を取り出す（皮はむかない）

A
- 水 … 500g
- グラニュー糖 … 125g
- （水の重量の25%）
- レモン果汁 … 15g
- ミントの葉 … 10枚

note

・黄桃、あんず、プラムでも同様に作れます。

1 鍋にAを入れて強めの中火で煮立て、グラニュー糖を溶かす。弱火にして桃を加え、落としぶたをして5分ほど煮る。桃の上下を返し、同様に5分ほど煮る。

2 火を止めてミントの葉を取り出し、そのまま冷まし、桃の皮をむく。

保存期間
冷蔵で約1週間

# 桃のゼリー

コンポートはシロップまでおいしく活用できるのが魅力の1つです。ここではシロップをゼラチンで固めて、ゼリーにしました。ゼラチンの量を少なめにして、やさしい食感に仕上がるようにしています。甘さと冷たさが、口の中でふわっと広がることでしょう。

[ **材料と下準備** ] 作りやすい分量

桃のコンポート（左記）… 半割4切れ

→ 汁けをきり、2cm角に切って保存容器に入れる

桃のコンポートのシロップ（左記）
　… 60g＋340g

A ┌ 冷水 … 25g
　└ 粉ゼラチン … 5g

→ 冷水に粉ゼラチンをふり入れ、冷蔵室で10分ほどふやかす

[note]

・アメリカンチェリーのコンポート（p.62）やみかんのコンポート（p.138）でも作れます。
・ゼラチンが少なめなのでしっかり冷やし固めてください。
・作り方1の電子レンジ加熱は、ゼラチンが溶ければいいので50〜60℃に温まればOK。鍋で煮ても構いません。

1　耐熱ボウルにシロップ60gとAを入れる。ラップをせずに電子レンジで20秒ほど加熱する、を2回繰り返す。ゴムべらでよく混ぜ、ゼラチンを溶かす（a）。

2　別のボウルにシロップ340gを入れ、1を加える（b）。ボウルの底を氷水にあて、ゴムべらでやさしく混ぜながら冷ます。

3　桃のコンポートの保存容器に2を流し入れ（c）、冷蔵室で5時間ほど冷やし固める。スプーンですくい、器に盛る。

完熟梅のジャムのベイクドチーズケーキ　page 53

# 完熟梅のジャム

梅の酸味を生かした、あと味さっぱりのジャム。完熟梅の収穫期は6月中旬～7月上旬と
非常に短いので、ジャムにしてより長く楽しめるようにしましょう。

[ 材料と下準備 ] 作りやすい分量
完熟梅 … 大13～14個（680g）
→ 水を張ったボウルに入れて丁寧に洗い、水
けを拭く。竹串でへたを取り除き（a）、7
～8か所刺して穴を開ける

グラニュー糖 … 下ゆでした
梅の果肉の重量の70%

レモン果汁 … 10g

note

・完熟梅はゆでこぼしてえぐみをやわらげます。約50℃
になったらゆで汁を捨てるイメージです。それでもかた
い場合は再度ゆでこぼしてください。
・完熟梅は青梅のように水につけてあく抜きをする必要が
ありません。できるだけ完熟していて、傷が少ないもの
を選びましょう。

1 鍋に梅とかぶるくらいの水を入れて（b）弱火で5分ほど
熱し、ゆで汁をゆっくり捨てる。再びかぶるくらいの水を
加え、同様にあと3回繰り返す。梅を触ってみて、やわら
かくなっていたらOK。

2 梅を取り出し、切り込みを入れ（c）、種を取り除く。果
肉の重量を量り、重量の70%のグラニュー糖を用意する。

3 鍋に梅の果肉、グラニュー糖、レモン果汁を入れて軽く混
ぜ、グラニュー糖が溶けて梅から水分が出るまで常温に30
分～1時間おく。

4 3の鍋をゴムべらで混ぜながら強めの中火で熱し、煮立っ
たら弱めの中火にする。あくを取りながら、鍋底から大き
く混ぜ続けて20～25分煮る。

5 ゆるくとろみがついたら（d）冷水に少量をたらし、底に
沈めばOK（水面近くですぐに散る場合はもう少し煮る）。

保存期間
保存容器の消毒法による（p.8参照）

# 完熟梅のソルベ

ゼラチンを加え、もったりとした食感のソルベに仕立てました。梅ジャムの甘酸っぱさが
あとを引くおいしさです。

［ **材料と下準備**］ 4人分

A ┌ 完熟梅のジャム（左記）… 100g
  │ 水 … 200g
  │ グラニュー糖 … 50g
  └ しょうが … 5g
    → すりおろす

B ┌ 冷水 … 10g
  └ 粉ゼラチン … 2g
    → 冷水に粉ゼラチンをふり入れ、冷蔵室で10
      分ほどふやかす

1 鍋にAを入れてゴムべらで混ぜながら弱めの中火で熱し、煮立たせないように温め（約70℃）、火を止める。Bを加えてよく混ぜ、ゼラチンを溶かす。

2 フードプロセッサー（またはブレンダー）で攪拌し、なめらかにする。バットに移し、冷凍室で5時間以上冷やし固め、ディッシャー（またはスプーン）ですくって器に盛る。

# 完熟梅のジャムのベイクドチーズケーキ

クリームチーズと梅ジャムの酸味がよく合います。果肉が豊かでペクチンが多いあんずや
プラムのジャムで作ってもおいしいでしょう。

［ **材料と下準備**］ 直径15cm丸型（底取）1台分

**土台**

┌ ビスケット … 80g
│   → 耐熱のポリ袋に入れ、めん棒でたたいて
│     細かくする
│ バター（食塩不使用）… 40g
│   → 耐熱ボウルに入れ、ラップをせずに電子
│     レンジで40秒ほど加熱して溶かす
└ → ビスケットのポリ袋に溶かしバターを加
    え、よくもみ込む

完熟梅のジャム（左記）… 100g
クリームチーズ … 200g
  → 常温にもどす
サワークリーム … 100g
  → 常温にもどす
グラニュー糖 … 100g
全卵 … 100g
  → 常温にもどし、ほぐす
生クリーム（乳脂肪分45%）… 150g
レモン果汁 … 10g
薄力粉 … 15g

＊型の底と側面にオーブン用シートを敷く。
＊オーブンはほどよいタイミングで190℃に予熱する。

[ **note** ]

・土台のビスケットは、さくさくとした、かための食感の
　ものがおすすめです。全粒粉入りのグラハムクラッカー
　やクッキーが手に入る場合はそちらを使用しても。

1 型に土台を入れ、瓶の底などで押しつけるようにして全体に敷き詰める（ **a** ）。さらに縁を1cmほど残して完熟梅のジャムを塗り広げる（ **b** ）。

2 ボウルにクリームチーズとサワークリームを入れて泡立て器でなめらかになるまで混ぜ、グラニュー糖を加えてなじむまですり混ぜる。全卵を2回に分けて加え、そのつどつやが出るまでよく混ぜる。生クリーム、レモン果汁を順に加え、そのつどなじむまで混ぜる。薄力粉を一度にふるい入れて混ぜ、粉けがなくなったらボウルで受けたざるでこし（ **c** ）、1の型にそっと流し入れる（ **d** ）。

3 予熱完了後に180℃に下げたオーブンで45分ほど焼き、型のまま網にのせて冷ます。

4 型にラップをして冷蔵室で6時間以上冷やし固める。温かいぬれぶきんで型の側面を温め、型からはずす。

53

54

# あんずジャム

フランスではあんずは非常にポピュラーなくだもので、ジャムにしたり、コンポートをタルトにのせて焼き込んだりして、おいしくいただきます。日本では生のあんずは短い期間しか出回りませんから、見つけたらすぐに購入しておきましょう。

[ **材料と下準備** ] 作りやすい分量

あんず … 大6〜7個（正味500g）

→ 水洗いして水けを拭き、竹串でへたを取り除く（a）。縦にぐるりと切り込みを入れ、ひねって半分に割り、種を取り出す（b）。種は取っておく

オレンジの皮 … 1/4個分

→ 塩適量をこすりつけてよく洗い、水けを拭いてすりおろす

オレンジ果汁 … 30g

グラニュー糖 … 370g（あんずの果肉＋オレンジ果汁の重量の約70%）

レモンの皮 … 1/2個分

→ 塩適量をこすりつけてよく洗い、水けを拭いてすりおろす

レモン果汁 … 10g

シナモンスティック … 1/2本

---

note

・あんずジャムはパウンドケーキなどの生地のつや出しとしても使えるので、作っておくと重宝します。

1 鍋にすべての材料（あんずの種も）を入れて軽く混ぜ、グラニュー糖が溶けてあんずから水分が出るまで常温に1時間ほどおく（c）。

2 **1**の鍋をゴムべらで混ぜながら強めの中火で熱し、煮立ったら弱めの中火にする。あくを取りながら、鍋底から大きく混ぜ続けて20〜25分煮る。

3 ゆるくとろみがついたら（d）冷水に少量をたらし、底に沈めばOK（水面近くですぐに散る場合はもう少し煮る）。シナモンスティックとあんずの種を取り出す。

保存期間
保存容器の消毒法による（p.8参照）

# あんずジャムのロシアンクッキー

卵白を使ったさっくりとした食感の軽やかなクッキーです。いったん焼いた生地にジャムを絞り、もう一度焼いて乾かします。そうすることでジャムはこげることなく、生地はさくさくに焼きあがります。

[ 材料と下準備 ] 直径5cm20個分

バター（食塩不使用）… 80g
　　　→ 常温にもどす

粉砂糖 … 70g
塩 … ひとつまみ
卵白 … 30g
　　　→ 常温にもどし、ほぐす

A 薄力粉 … 100g
　 アーモンドパウダー … 20g
あんずジャム（左記）… 70g
打ち粉（強力粉）… 適量

＊オーブンはほどよいタイミングで180℃に予熱する。

note

・いちごとラズベリーのジャム（p.12）でも作れます。
・クッキーは湿気やすいため、シリカゲル（乾燥剤）といっしょに保存容器に入れておくと安心（ h ）。シリカゲルは製菓材料店や100円ショップなどで購入できます。

1　ボウルにバターを入れ、ハンドミキサーの高速で1分ほど混ぜてなめらかにする。粉砂糖をふるい入れ、塩も加えて高速で1分ほど混ぜ、ふんわりしたら卵白を2回に分けて加え、そのつどつやが出るまで高速で1分ほど混ぜる。

2　Aを2回に分けてふるい入れ、そのつどゴムべらで縦に2〜3回切り、片手でボウルを回しながら、底からすくい返すようにして全体を20回ほど混ぜる。粉けがなくなればOK。

3　天板にオーブン用シートを敷き、直径4cmのクッキー抜き型の円形部分に打ち粉をつけ、少し間隔をあけて印を20個つける（ a ）。

4　8切の星口金（ b ）をセットした絞り出し袋に2を入れ（ c ）、3の印に沿って絞り出し（ d ）、続けて円の内側にも絞り出す（ e ）。さらに最初に絞った円の上にもう一度絞り出す（ f ）。

5　予熱完了後に170℃に下げたオーブンで15分ほど焼く。一度天板を取り出し、真ん中にあんずジャムをのせ（ g ）、再び170℃のオーブンでジャムがふつふつとしてくるまで4〜5分焼き、網にのせて冷ます。

a　　　　　b　　　　　c　　　　　d

e　　　　　f　　　　　g　　　　　h

プラムジャムのガトーブルトン風　page 61

# プラムジャム

プラムは酸味が強く、とろみづけに役立つペクチンの量が多いので、ジャムにしやすいくだものです。種にもペクチンが含まれているため、いっしょに煮ます。

[ **材料と下準備** ] 作りやすい分量

プラム … 大6〜7個（正味500g）

> → 水洗いして水けを拭く。縦にぐるりと切り込みを入れ、ひねって半分に割り、種を取り出し、4〜6等分に切る。種は取っておく

グラニュー糖 … 300g
（プラムの果肉の重量の60%）

レモン果汁 … 10g

note

・ここでは「大石早生」を使用しましたが、好みのプラムで作っていただいて構いません。

1 鍋にすべての材料（プラムの種も）を入れて軽く混ぜ、グラニュー糖が溶けてプラムから水分が出るまで常温に30分ほどおく（**a**）。

2 **1**の鍋をゴムべらで混ぜながら強めの中火で熱し、煮立ったら弱めの中火にする。あくを取りながら、鍋底から大きく混ぜ続けて20〜25分煮る。

3 ゆるくとろみがついたら（**b**）冷水に少量をたらし、底に沈めばOK（水面近くですぐに散る場合はもう少し煮る）。プラムの種を取り出す。

a

b

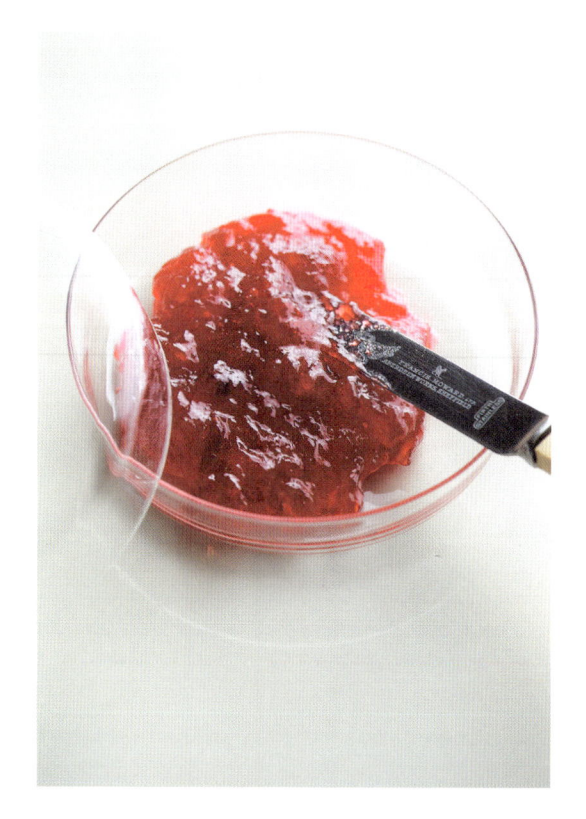

保存期間
保存容器の消毒法による（p.8参照）

# プラムジャムのガトーブルトン風

フランス・ブルターニュ地方の銘菓をバットで手軽に作れるようにしました。内側はしっとりやわらかく、外はカリッとしていて、そのコントラストがとてもおいしいです。

## [ 材料と下準備 ]

20.5×16×高さ3cmのホーローバット1台分

バター（食塩不使用）… 100g
→ 常温にもどす

粉砂糖 … 80g

塩 … 1g

A
- 卵黄 … 40g
  → 常温にもどす
- ラム酒（好みで）… 10g
→ 混ぜ合わせる

B
- 薄力粉 … 100g
- アーモンドパウダー … 30g

プラムジャム（左記）… 100g

卵黄 … 20g

＊バットにオーブン用シートを敷く。
＊オーブンはほどよいタイミングで180℃に予熱する。

note

・ラズベリージャム（p.28）やキャラメルりんごジャム（p.110）でも作れます。
・バットは必ずオーブンに対応したものを使用してください。

1　ボウルにバターを入れて泡立て器でなめらかになるまで混ぜ（a）、粉砂糖をふるい入れ、塩も加えてなじむまですり混ぜる。Aを2回に分けて加え、そのつどつやが出るまでよく混ぜる。

2　Bを2回に分けてふるい入れ、そのつどゴムべらで縦に2〜3回切り、片手でボウルを回しながら、底からすくい返すようにして全体を20回ほど混ぜる（b）。粉けがなくなればOK。

3　絞り出し袋に2を入れ、先端を1cmほど切り落とす。バットの底面に130g分ほどを絞り出し、さらに縁に沿って50g分ほどを絞り出す（c）。縁の生地の内側にプラムジャムを塗り広げ（d）、ジャムを覆うように残りの2をすべて絞り出す（e）。ゴムべらで平らにならし（f）、ふんわりラップをして冷凍室で20分ほど冷やす。

4　はけで卵黄を表面に塗り（g）、フォークで模様をつける（h）。予熱完了後に170℃に下げたオーブンで45分ほど焼き、バットのまま網にのせて冷ます。

# アメリカンチェリーのコンポート

皮が丈夫なアメリカンチェリーはコンポート向きのくだものです。さくらんぼでも作れますが、皮が破れやすいので、ごく弱火で、かつ短い時間で火を通してください。

[ **材料と下準備** ] 作りやすい分量

アメリカンチェリー … 340g（正味300g）

→ 水洗いして水けを拭く。軸を取り、縦にぐるりと切り込みを入れ、ひねって（ a ）半分に割り、種を取り出す（ b ）

A ┌ 水 … 300g
  │ グラニュー糖 … 90g（水の重量の30%）
  └ レモン果汁 … 10g

キルシュ（好みで）… 10g

[ note ]

・コンポートのシロップは炭酸水（無糖）で割り、アイスクリームを添えてフロートにしてもおいしいです。

1 鍋に**A**を入れて強めの中火で煮立て、グラニュー糖を溶かす。弱火にしてアメリカンチェリーを加え、落としぶたをして10分ほど煮る。

2 火を止めてそのまま冷まし、キルシュを加えて混ぜる。

a

b

[ 保存期間

冷蔵で約2週間 ]

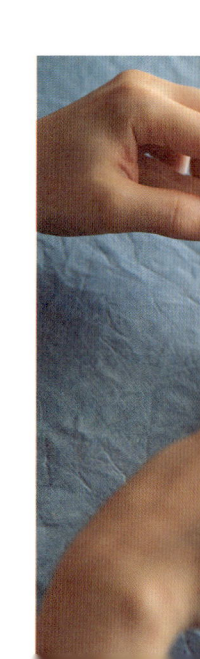

# アメリカンチェリーのブラウニー

フォレノワールの組み合わせをブラウニーに応用しました。濃厚なココア生地にみずみず
しいチェリーとさわやかなクリームチーズの酸味を合わせてメリハリを利かせています。

## ［材料と下準備］

20.5×16×高さ3cmのホーローバット1台分

製菓用チョコレート（スイート）… 150g
　　→ 大きい場合は粗く刻む

バター（食塩不使用）… 100g
　　→ 常温にもどす

全卵 … 100g
　　→ 常温にもどす

きび砂糖 … 120g＋10g

塩 … 1g

A ┌ 薄力粉 … 60g
　└ ココアパウダー … 10g

クリームチーズ … 70g
　　→ 常温にもどす

アメリカンチェリーのコンポート（左記）
　… 80g
　　→ 汁けをきる

＊バットにオーブン用シートを敷く。
＊オーブンはほどよいタイミングで180℃に予熱する。

note

・金柑とはちみつのコンポート（p.134）でも作れます。
・作り方1のチョコレートとバターは50〜60℃に温め、
　完全に溶けた状態にしておきます。溶けない場合は様子
　を見ながら20〜30秒ずつ追加で加熱してください。
・バットは必ずオーブンに対応したものを使用してくださ
　い。

1 耐熱ボウルにチョコレートとバターを入れ、ラップをせず
　に電子レンジで1分ほど加熱して混ぜる（a）、を3回繰
　り返し、溶かす。

2 別のボウルに全卵を入れて泡立て器でほぐし、きび砂糖
　120gと塩を加え、なじむまですり混ぜる。1を3回に分
　けて加え、そのつどなじむまでよく混ぜる。Aを一度にふ
　るい入れて混ぜ、粉けがなくなったらバットに流し入れる。

3 別のボウルにクリームチーズときび砂糖10gを入れ、ゴム
　べらでなめらかになるまで混ぜる。

4 スプーンで3をすくい、2に間隔をあけて落とす（b）。
　竹串の太いほうで小さな円を描くように混ぜてマーブル模
　様を作り（c）、アメリカンチェリーのコンポートを全体
　にのせる（d）。

5 予熱完了後に170℃に下げたオーブンで35〜40分焼き、バ
　ットからはずして、オーブン用シートごと網にのせて冷ま
　す。

ルバーブジャムのパウンドケーキサンド　page 69

# ルバーブジャム

ルバーブは繊維が多く、酸味が強い食材です。ペクチンを多く含むため、ヨーロッパでは
ジャムの素材としておなじみです。赤いものと緑のものがありますが、入手しやすい緑の
ものでも同様に作れます。

[ **材料と下準備** ] 作りやすい分量

ルバーブ … 400g

→ 水洗いして、長さ3cmに切り、水に30分ほ
どさらして水けをきる

グラニュー糖 … 280g
（ルバーブの重量の70%）

レモン果汁 … 15g

カルダモン（粒）… 4粒

note

・酸味が強いため、グラニュー糖は多めに加えています。

1 鍋にすべての材料を入れて軽く混ぜ、グラニュー糖が溶け
てルバーブから水分が出るまで常温に1時間ほどおく。

2 1の鍋をゴムべらで混ぜながら強めの中火で熱し、煮立っ
たら弱めの中火にする。あくを取りながら、鍋底から大き
く混ぜ続けて20〜25分煮る。

3 ゆるくとろみがついたら（a）冷水に少量をたらし、底に
沈めばOK（水面近くですぐに散る場合はもう少し煮る）。
カルダモンを取り出す。

a

保存期間

保存容器の消毒法による（p.8参照）

# ルバーブジャムのパウンドケーキサンド

3等分に切った生地のあいだにジャムを塗り広げた、断面がかわいいパウンドケーキです。
ジャムでも使用したカルダモンを生地全体に混ぜ込みました。さわやかな香りにジャムの
甘酸っぱさがよく合います。

[ **材料と下準備** ] 18cmパウンド型1台分

**A**
- バター（食塩不使用）… 100g
  → 常温にもどす
- 塩 … 1g
- バニラエッセンス … 5滴

グラニュー糖 … 90g

はちみつ … 10g

全卵 … 100g
  → 常温にもどし、ほぐす

**B**
- 薄力粉 … 80g
- アーモンドパウダー … 20g
- カルダモンパウダー … 3g
- ベーキングパウダー … 1g

ルバーブジャム（左記）… 100g

＊型にオーブン用シートを敷く。
＊オーブンはほどよいタイミングで180℃に予熱する。

| note |

・あんずジャム（p.54）や金柑マーマレード（p.130）で
も作れます。
・作り方1で全卵を加える際、分離しやすいので5回に分
けて加えます。分離してしまった場合はBの1/4量ほど
を先にふるい入れて混ぜ、なじませてください。

**1** ボウルにAを入れ、ハンドミキサーの高速で1分ほど混ぜ
てなめらかにする。グラニュー糖とはちみつを加えて高速
で2〜3分混ぜ、ふんわりしたら全卵を5回に分けて加え、
そのつどつやが出るまで高速で30秒〜1分混ぜる。

**2** Bを一度にふるい入れ、片手でボウルを回しながら、ゴム
べらで底からすくい返すようにして全体を20回ほど混ぜ
る（a）。側面の生地を落とし、さらに10回ほど混ぜる。
粉けがなくなればOK。

**3** 型に入れ、予熱完了後に170℃に下げたオーブンで40分ほ
ど焼く。途中、10分ほどたったら、水でぬらしたナイフ
で中央に切り込みを入れる。

**4** 竹串を刺してもなにもついてこなければ焼きあがり。型を
高さ10cmほどのところから台に2回落とし、型からはず
して、オーブン用シートごと網にのせて冷ます。

**5** オーブン用シートをはずし、ブレッドナイフで厚みを3等
分に切る（b）。下段と中段の上面にルバーブジャムを50g
ずつ塗り広げ（c）、重ねてラップで包み（d）、30分ほど
おいてなじませる。

69

# パイナップルジャム

あざやかな黄色が印象的です。南国風にレモンではなくきりっとした酸味が特徴的なライムを合わせました。パイナップルはペクチンの量が少なく、固まりにくいので、半量をピューレ状にし、とろみを出しています。

[ 材料と下準備 ] 作りやすい分量

パイナップル（カット済み）… 400g

→ 200gは5mm角に切り、残りの200gはフードプロセッサーで攪拌してピューレ状にする

グラニュー糖 … 240g

（パイナップルの果肉の重量の60%）

ライムの皮 … 1個分

→ 塩適量をこすりつけてよく洗い、水けを拭いてすりおろす

ライム果汁 … 20g

note

・キウイやパッションフルーツを混ぜて作ってもおいしいです。合計で400gになっていれば問題ありません。
・ライムの代わりにレモンの皮と果汁で作ってもOK。

1 鍋にすべての材料を入れて軽く混ぜ、グラニュー糖が溶けてパイナップルから水分が出るまで常温に30分ほどおく（a）。

2 1の鍋をゴムべらで混ぜながら強めの中火で熱し、煮立ったら弱めの中火にする。あくを取りながら、鍋底から大きく混ぜ続けて20〜25分煮る。

3 ゆるくとろみがついたら（b）冷水に少量をたらし、底に沈めばOK（水面近くですぐに散る場合はもう少し煮る）。

a

b

保存期間

保存容器の消毒法による（p.8参照）

# パイナップルジャムのフィナンシェ

フィナンシェにジャムと砕いたスペキュロスクッキーをトッピングして食感と風味に変化
をつけます。ジャムはかたまりにせず、全体に散らすようにのせると、生地に沈みにくく
なり、きれいに仕上がります。

## ［材料と下準備］

8.3×4cmのフィナンシェ型8個分

バター（食塩不使用）… 60g
→ 常温にもどす

卵白 … 60g
→ 常温にもどす

グラニュー糖 … 40g

はちみつ … 15g

アーモンドパウダー … 20g

A
薄力粉 … 25g
シナモンパウダー … 1g
ナツメグパウダー … 0.5g
カルダモンパウダー … 0.5g

スペキュロスクッキー … 2枚

パイナップルジャム（左記）… 40g

＊型に常温にもどしたバター適量（分量外）をはけで
塗る。茶こしで強力粉適量（分量外）をふるい、余
分な粉を落とし（a）、冷蔵室に入れておく。
＊オーブンはほどよいタイミングで天板ごと200℃に
予熱する。

### note

・ラズベリージャム（p.28）やオレンジマーマレード
（p.126）でも作れます。
・スペキュロスクッキーはシナモンやクローブなどが入っ
ているベルギーのスパイスクッキー。好みのクッキーで
代用しても構いません。
・作り方4で、1の焦がしバターが冷めてしまった場合は
再度軽く温め、約60℃にしてください。

1 鍋にバターを入れて強火で熱し、沸騰したら火を弱め、泡
立て器で混ぜながら焦がす。泡が小さくなり、沈殿物が濃
い茶色になったら鍋の底を水に30秒ほどつけて粗熱をと
り、水からはずす（b）。

2 ボウルに卵白を入れ、泡立て器でしっかりほぐす。グラ
ニュー糖とはちみつを加え、ねっとりするまですり混ぜる。

3 アーモンドパウダーをふるい入れ、20回ほどすり混ぜる。
Aを一度にふるい入れて20回ほどすり混ぜ、混ぜ終えて
からさらに20回ほどすり混ぜる。粉けがなくなればOK。

4 1の焦がしバター（約60℃）を3回に分けて加え、その
つど円を描くように20回ほど混ぜる。

5 スプーンで4を型の9分目まで（1個分約25gが目安）入
れ（c）、スペキュロスクッキーを砕きながら散らし、パ
イナップルジャムを散らすようにのせる（d）。予熱完了
後に190℃に下げたオーブンで12〜14分焼き、表面にしっ
かり焼き色がついたらすぐに型を台に軽く打ちつけて取り
出し、網にのせて冷ます。

# automne 秋

# 栗のジャム

ねっとりとしたマロンペーストに近い仕上がりで、パウンドケーキやアーモンドクリーム
に混ぜ込むこともできます。味がなじんだ翌日以降がおいしいです。フードプロセッサー
を使っても構いませんが、裏ごしするほうが口あたりがなめらかになります。

[ 材料 ] 作りやすい分量
栗 … 400g（正味300g）
きび砂糖 … 150g（裏ごしした栗の重量の50%）
塩 … ひとつまみ

note

・裏ごし作業は栗が温かいうちに行いましょう。
・栗の水分によって煮る時間は異なります。( b ) の写真
　の状態を目安に仕上げてください。
・冷凍保存する場合は冷ましてからジッパーつき保存袋
　（冷凍用）に入れ、冷凍室へ。使用する際は冷蔵室に移
　して解凍してください。

保存期間

冷蔵で約1週間／冷凍で約1か月

1　鍋に栗とたっぷりの水を入れて中火で熱し、沸騰したら
　　50〜60分ゆでる。皮がやわらかくなったらざるに上げて
　　水けをきり、縦半分に切ってスプーンで中身をすくい出し、
　　ボウルで受けたざるで裏ごしする（ a ）。

2　鍋に 1 と水180g（分量外）を入れて弱火で熱し、ゴムべ
　　らで混ぜながら 5 分ほど煮る。きび砂糖と塩を加え、さら
　　に混ぜながら10〜15分煮る。水分がなくなり、鍋底にゴ
　　ムべらのあとが残るくらいのかたさになったらOK（ b ）。

# 栗のジャムのロールケーキ

栗のジャムをたっぷり使ったぜいたくなロールケーキ。共立ての作りやすい生地です。太
白ごま油で作るから、巻きやすく、しっとりとした食感になります。焼きあがったらすぐ
にオーブン用シートをかぶせて保湿しましょう。

[ 材料と下準備 ] 27×27cmの天板1枚分
生地
　全卵 … 150g
　　➡ 常温にもどす
　グラニュー糖 … 50g
　はちみつ … 10g
　薄力粉 … 60g
　A ┌ 太白ごま油 … 20g
　　└ 牛乳 … 20g
　　➡ 小さめのボウルに入れて混ぜる
栗のジャムのホイップクリーム
　生クリーム（乳脂肪分36%）… 150g
　栗のジャム（上記）… 50g

栗のジャム（上記）… 80g
　➡ 絞り出し袋に入れ、袋の先端を 1 cmほど切
　　り落とす

＊天板にオーブン用シートを敷く。
＊オーブンはほどよいタイミングで200℃に予熱す
　る。

note

・太白ごま油の代わりに米油やサラダ油でもOK。

1 生地を作る。ボウルに全卵を入れてハンドミキサーのビーター（羽根）で溶きほぐし、グラニュー糖とはちみつを加え、湯せん（約70℃）にかけながらビーターで混ぜる（a）。グラニュー糖が溶け、38〜40℃に温まったら湯せんからはずす。

2 ハンドミキサーの高速で5分ほど泡立てる。白っぽくなり、すくい上げるとゆっくり落ち、落ちた生地が折り重なって積もるくらいになったらOK（b）。さらに低速で30秒ほどゆっくり円を描くように混ぜてきめを整える。

3 薄力粉を一度に全体にふるい入れ、片手でボウルを回しながら、ゴムべらで底からすくい返すようにして全体を20回ほど混ぜる（c）。粉けがなくなればOK。

4 Aのボウルに3をゴムべらでひとすくいして加え、混ぜる。

5 3に4を加え、片手でボウルを回しながら、底からすくい返すようにして全体を10〜15回混ぜる。つやが出たらOK。

6 天板に流し（d）、天板を90°ずつ回転させながらカードで表面を平らにする（e）。予熱完了後に190℃に下げたオーブンで12〜14分焼く。

7 全体に焼き色がついたら天板からはずして、オーブン用シートごと網にのせる。側面のオーブン用シートははずし、乾燥しないように上からもオーブン用シートをかぶせて冷ます。生地のできあがり。

8 栗のジャムのホイップクリームを作る。ボウルに生クリームと栗のジャムを入れ、ボウルの底を氷水にあてながらハンドミキサーの高速で泡立てる。とろみが強くなり、すくうとつのがゆるくおじぎをするくらい（七分立て）になったらOK（f）。

9 7の生地をオーブン用シートごと上下を返して台にのせ、上面のオーブン用シートをはずす（焼き色のついていない面が上になる）。ブレッドナイフで向こう側の端を1cmほど斜めに切り落とし、さらに1cm間隔で横に浅い切り込みを入れる（g）。

10 8の栗のジャムのホイップクリームをのせ、ゴムべらで向こう側は薄く、手前側は厚く塗り広げる（h）。手前側から5cm間隔で栗のジャムを横に4〜5本絞る（i）。

11 下にふきんを敷き、手前のオーブン用シートを持ち上げて小さく巻き、軽く押さえて芯にする。そのままオーブン用シートを向こう側に平行に引っぱりながら一気に巻き（j）、巻き終わりを定規などで押さえて引き締める（k）。オーブン用シートごとラップで包み（l）、冷蔵室で30分ほど冷やす。

81

マロンパイ　page 85

# 栗の渋皮煮

渋皮は残しつつ皮をむかなければならなかったり、何回もゆでこぼさないといけなかったり、作るのはなかなか大変ですが、手作りのおいしさにはやはり代え難いものがあります。

[ 材料 ] 作りやすい分量
栗 … 600g
重曹 … 大さじ1＋大さじ1
グラニュー糖 … 下ゆでした栗の重量と同量

note

・作り方1で渋皮をむいてしまった場合、その栗をお茶パックに入れてゆでこぼすと割れにくくなります。
・作り方2、3のゆでこぼしの際、火力が強いと栗が割れることがあります。必ず弱火でゆでてください。同様にゆで汁を捨てるときは流水を加えながら行い、急激な温度の変化を防ぎます。
・5回ゆでこぼしていますが、栗によって回数は異なります。竹串を刺してかたい場合は追加でゆでこぼしてください。
・冷凍保存する場合はシロップごとジッパーつき保存袋（冷凍用）に入れ、冷凍室へ。使用する際は冷蔵室に移して解凍してください。

1　鍋にたっぷりの湯を沸かして火を止め、栗を入れて10分ほどおく。鬼皮（外側のかたい皮）がやわらかくなったら取り出して水けを拭き、鬼皮の下の部分（ざらざらしている部分）に包丁の刃をあて、内側の渋皮はむかないように気をつけながら、鬼皮をはがすようにむく（a）。

2　鍋に鬼皮をむいた栗、かぶるくらいの水、重曹大さじ1を入れて中火で熱し、沸騰し始めたら弱火にして10分ほどゆでる。鍋ごと流し台に移し、流水を加えながらゆで汁を捨て（b）、水を替える。

3　2をあと4回繰り返す（重曹を入れるのは1、2回目のみ）。ゆで汁の色が薄くなり、栗に竹串を刺して、すっと通るくらいになったらOK。

4　栗を取り出し、渋皮に残っている大きな筋や余計な渋皮を竹串で取り除く（c）。栗の重量を量り、同量のグラニュー糖を用意する。

5　鍋に水400g（分量外）とグラニュー糖の1/3量を入れて中火で熱し、沸騰し始めたら栗を加え、栗が完全にシロップに浸っていない場合は水適量をたし、弱火で5分ほど煮て火を止め、そのまま冷ます（d）。グラニュー糖の1/3量を加えて再び中火で熱し、沸騰し始めたら弱火で5分ほど煮て火を止め、そのまま冷ます。これをもう一度繰り返す。

保存期間
冷蔵で約1週間／冷凍で約6か月

# 栗のソフトクッキー

しっとり食感のソフトクッキーに、ほくほくの渋皮煮を合わせました。三温糖の甘みとこくが栗の風味を際立たせます。

[ **材料と下準備** ] 直径8㎝6個分

- **A**
  - バター（食塩不使用）… 50g
    - ➡ 常温にもどす
  - はちみつ … 10g
  - 塩 … 1g
- 三温糖 … 55g
- 全卵 … 25g
  - ➡ 常温にもどし、ほぐす
- **B**
  - 薄力粉 … 110g
  - ベーキングパウダー … 2g
- 栗の渋皮煮（p.82）… 100g
  - ➡ 汁けをきって1㎝角に切り、75gと25gに分ける
- アイシング
  - 粉砂糖 … 90g
  - 栗の渋皮煮のシロップ（p.82）… 20g
  - 水 … 5〜7g

＊オーブンはほどよいタイミングで180℃に予熱する。

**1** ボウルにAを入れて泡立て器でなめらかになるまで混ぜ、三温糖を加えてなじむまですり混ぜる。全卵を3回に分けて加え、そのつどつやが出るまでよく混ぜる。

**2** Bを3回に分けてふるい入れ、そのつどゴムべらで縦に2〜3回切り（a）、片手でボウルを回しながら、底からすくい返すようにして全体を15回ほど混ぜる。粉けがなくなったら栗の渋皮煮75gを加え、同様に5回ほど混ぜる。

**3** オーブン用シートを敷いたバットにディッシャー（またはスプーン）で2をすくって1/6量ずつ（約50gずつ）のせ（b）、ラップをして冷蔵室で20分ほど冷やす。

**4** オーブン用シートを敷いた天板に3を丸めてから間隔をあけて並べ、手のひらで押さえて直径5〜6㎝に広げる（c）。栗の渋皮煮25gをのせ（d）、軽く押さえる。予熱完了後に170℃に下げたオーブンで15分ほど焼き、網にのせて冷ます。

**5** アイシングを作る。ボウルに粉砂糖をふるい入れ、シロップを2回に分けて加え、そのつどゴムべらで練るように混ぜる。水を加えて同様に混ぜ、つやが出たらOK。

**6** 4に5のアイシングをスプーンで線を描くようにかけ、常温で乾かす。

# マロンパイ

栗の渋皮煮をまるごと使ったぜいたくなパイ。冷凍パイシートを使えば手軽に作れます。
焼きたてのおいしさは格別ですよ。

[ **材料と下準備** ] 直径7cmのマフィン型6個分
冷凍パイシート（20×20cm）… 1と1/2枚
　→ 冷蔵室で解凍する
アーモンドクリーム
　バター（食塩不使用）… 30g
　　→ 常温にもどす
　グラニュー糖 … 30g
　全卵 … 30g
　　→ 常温にもどし、ほぐす
　A ┌ アーモンドパウダー … 30g
　　└ 薄力粉 … 10g
栗の渋皮煮（p.82）… 6個
　→ 汁けをきる
アイシング
　粉砂糖 … 90g
　栗の渋皮煮のシロップ（p.82）… 20g
　水 … 5〜7g

＊オーブンはほどよいタイミングで200℃に予熱する。

note

・マフィン型がない場合はマフィンカップやアルミのプリン型に入れて焼いても構いません。
・作り方3の包んだ状態で1個ずつラップで包み、ジッパーつき保存袋（冷凍用）に入れ、冷凍保存も可能です。保存期間は約3週間。冷蔵室で解凍してから焼いてください。

1　パイシートはオーブン用シート2枚ではさみ、1枚のものはめん棒で22×22cmほどに、1/2枚のものは22×11cmほどにのばす（**a**）。1枚のものは4等分に（**b**）、1/2枚のものは2等分に切り（11×11cmが6枚できる）、冷蔵室に入れておく。

2　アーモンドクリームを作る。ボウルにバターを入れ、ハンドミキサーの高速で1分ほど混ぜてなめらかにする。グラニュー糖を加えて高速で1分ほど混ぜ、ふんわりしたら全卵を3回に分けて加え、そのつどつやが出るまで高速で30秒〜1分混ぜる。さらにAを一度にふるい入れ、全体になじむまで高速で30秒〜1分混ぜる。

3　オーブン用シートに1のパイシート1切れを置き、中央に2のアーモンドクリーム20g、栗の渋皮煮1個をのせる。パイシートの周囲に指で水を薄く塗り（**c**）、対角の2つの角を持ち上げて重ね、押さえて留める（**d**）。残りの2つの角はパイシートを栗の渋皮煮に沿わせるようにぎゅっと押さえてから（**e**）持ち上げて包む（**f**）。形を整え（**g**）、型に入れる。残りも同様にする（**h**）。

4　予熱完了後に190℃に下げたオーブンで30分ほど焼き、さらに180℃に下げて20分ほど焼く。型から取り出し、網にのせて冷ます。

5　アイシングを作る。ボウルに粉砂糖をふるい入れ、シロップを2回に分けて加え、そのつどゴムべらで練るように混ぜる。水を加えて同様に混ぜ、つやが出たらOK。

6　4に5のアイシングをスプーンで線を描くようにかけ、常温で乾かす。

a

b

c

d

e

f

g
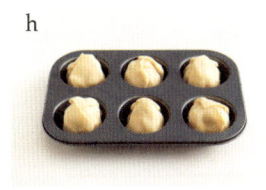
h

# 和梨のジャム

和梨は甘みが強すぎないものがおすすめです。ほかのくだものよりもペクチンが少ないので、1/3量ほどをすりおろしてとろみをつけ、レモン果汁も多めに加えます。

[ **材料と下準備** ] 作りやすい分量

和梨 … 小2個（正味400g）
→ 水洗いして水けを拭く。4等分のくし形切りにして皮をむき、芯を取る。250gは5mm角に切り、150gはすりおろす（a）

グラニュー糖 … 200g
（和梨の果肉の重量の50%）

レモン果汁 … 30g

カモミールティーの茶葉（ティーバッグ）
… 1g

note

・カモミールティーの茶葉が大きい場合は、すり鉢やミルなどで細かくしてから使用してください。

保存期間
保存容器の消毒法による（p.8参照）

1 鍋に和梨（5mm角に切った250g＋すりおろした150g）、グラニュー糖、レモン果汁を入れて軽く混ぜ、グラニュー糖が溶けて和梨から水分が出るまで常温に30分ほどおく。

2 1の鍋をゴムべらで混ぜながら強めの中火で熱し、煮立ったら弱めの中火にする。あくを取りながら、鍋底から大きく混ぜ続けて20〜25分煮る。

3 ゆるくとろみがついたら（b）冷水に少量をたらし、底に沈めばOK（水面近くですぐに散る場合はもう少し煮る）。カモミールティーの茶葉を加え、さっと混ぜる。

# 和梨のジャムのドーナツ

ホイップクリームと和梨のジャムを、ドーナツに詰めました。こねずにゆっくりと発酵させるので時間はかかりますが、工程はシンプルですし、このふわふわ感は格別です。

[ **材料と下準備** ] 直径9cm6個分

ぬるま湯（約40℃）… 80g

インスタントドライイースト … 3g

全卵 … 50g
→ 常温にもどし、ほぐす

A
强力粉 … 150g
薄力粉 … 50g
グラニュー糖 … 20g
塩 … 2g
→ 強力粉と薄力粉をふるい、グラニュー糖と塩を合わせる

バター（食塩不使用）… 20g
→ 耐熱ボウルに入れ、ラップをせずに電子レンジで20〜30秒加熱して溶かす

揚げ油 … 適量

グラニュー糖 … 適量

ホイップクリーム
生クリーム（乳脂肪分36%）… 100g
グラニュー糖 … 5g

和梨のジャム（上記）… 90g
→ 絞り出し袋に入れ、袋の先端を1cmほど切り落とす

打ち粉（強力粉）… 適量

＊ 10×10cmのオーブン用シートを6枚用意する。

1 ボウルにぬるま湯を入れてインスタントドライ
イーストを加え、泡立て器で混ぜて溶かす（a）。
全卵を加えてなじむまで混ぜ、Aの1/2量を加え
て混ぜる。粉けがなくなり、つやが出たら溶かし
バター（約40℃）を加え、なじむまで混ぜる。

2 残りのAを加え、カードで切るように混ぜる（b）。
粉けがなくなったらひとつにまとめ、ぬれぶきん
をかけて常温に30分ほどおく。

3 手に打ち粉をつけて生地を持ち上げ、表面を張ら
せるように丸め、ボウルに戻し、ぬれぶきんをか
けて常温に30分ほどおく。これをもう一度繰り返
す。

4 再び手に打ち粉をつけて生地を持ち上げ、表面を
張らせるように丸め、ボウルに戻す。ぬれぶきん
をかけ、2倍ほどに膨らむまで約30℃で1時間ほ
どおく（一次発酵）。

5 手に打ち粉をつけ、パンチをするように全体を押
してガスを抜く（c）。生地を取り出し、カード
で6等分にする。表面を張らせるように丸めてか
ら台にこすりつけるように回して形を整え（d）、
閉じ目をしっかり閉じ、10×10cmのオーブン用

シートにのせる。

6 天板などに間隔をあけて並べ、ぬれぶきんをかけ
る。2倍ほどに膨らむまで約30℃で1時間ほどお
く（二次発酵）。

7 鍋に揚げ油を入れて170℃に熱し、6をオーブン
用シートごと入れ（オーブン用シートははがれた
ら取り出す）、両面を2分ずつ揚げる（e）。取り
出して油をきり、粗熱をとる。

8 ボウルにグラニュー糖を入れ、7を加えて両面に
しっかりまぶす（f）。

9 ホイップクリームを作る。ボウルに生クリームと
グラニュー糖を入れ、ボウルの底を氷水にあてな
がらハンドミキサーの高速で泡立てる。とろみが
強くなり、すくうとつのがゆるくおじぎをするく
らい（七分立て）になったらOK。絞り出し袋に
入れ、袋の先端を1cmほど切り落とす。

10 8にナイフを側面から中心まで入れ、回して穴を
開ける（g）。9のホイップクリームの絞り出し
袋をさし込んで15gずつ絞り、さらに和梨のジャ
ムの絞り出し袋をさし込んで15gずつ絞る（h）。

a

b

c

d

e

f

g

h

note

・本書のほかのジャムでも作れます。
・発酵温度の目安は約30℃。オーブンの発酵機能などを
使い、暖かい場所で発酵させてください。
・ホイップクリームと和梨のジャムは絞り出し袋を穴に深
めに入れ、あふれないように絞りましょう。

# 洋梨のコンポート

洋梨は熟しすぎていない、やわらかすぎないものがおすすめ。とろけるような食感に仕上がります。パウンドケーキやタルトにしても。

[ **材料と下準備** ] 作りやすい分量

洋梨 … 3個（正味600g）

→ 水洗いして水けを拭く。縦半分に切って皮を
むき、芯は切り込みを入れて取り出す( a )

A
水 … 500g
グラニュー糖 … 125g
（水の重量の25％）
レモン果汁 … 15g
シナモンスティック … 1本
クローブ … 3粒

note

・洋梨のコンポートにバニラアイスクリームを添え、溶かしたチョコレートをかけるとベルエレーヌというフランスのスイーツになります。
・和梨でも同様に作れます。
・保存の際はシナモンスティックとクローブは取り除いてください。

1 鍋に**A**を入れて強めの中火で煮立て、グラニュー糖を溶かす。弱火にして洋梨を加え、落としぶたをして10分ほど煮る。火を止め、そのまま冷ます。

a

保存期間

冷蔵で約1週間

# 洋梨のババロア

まったり濃厚なババロアに、コンポートをトッピングします。とろっとした食感の洋梨と
なめらかな口あたりのババロアのコントラストをお楽しみください。

[ 材料と下準備 ]

直径 7.5 ×高さ 6 ㎝の容器 4 個分

卵黄 … 40g

　　——➤ 常温にもどす

グラニュー糖 … 40g

牛乳 … 130g

バニラエッセンス … 5 滴

A [ 冷水 … 25g
　　粉ゼラチン … 5 g

　　——➤ 冷水に粉ゼラチンをふり入れ、冷蔵室で 10
　　　　分ほどふやかす

洋梨のコンポート（左記）

　　… 200g＋半割 2 切れ

　　——➤ 汁けをきり、200g はフードプロセッサーで
　　　　攪拌してピューレ状にし（ a ）、半割 2 切れ
　　　　は横に薄切りにする

生クリーム（乳脂肪分36％）… 100g

note

・作り方 3 でとろみはつけつつ、火を入れすぎないように
　するのがおいしく仕上げる秘訣です。

1　ボウルに卵黄とグラニュー糖を入れ、泡立て器で白っぽく
　　なるまで 1 分ほどすり混ぜる。

2　小鍋に牛乳とバニラエッセンスを入れて中火で熱し、煮立
　　つ直前に火を止める（ b ）。1 に 3 回に分けて加え、その
　　つど泡立て器でなじむまで混ぜる。

3　小鍋に戻し入れて弱火で熱し、焦がさないようにゴムべら
　　で絶えず混ぜながらとろみをつける。鍋底にゴムべらのあ
　　とが残るくらいになったらOK（ c ）。

4　熱いうちにボウルに移し、A を加えてゴムべらでよく混ぜ、
　　ゼラチンを溶かす。ボウルの底を氷水にあて、やさしく混
　　ぜながら冷ます（ d ）。氷水からはずし、ピューレ状にし
　　た洋梨のコンポート200gを加えて混ぜる。

5　別のボウルに生クリームを入れ、ボウルの底を氷水にあて
　　ながらハンドミキサーの高速で泡立てる。とろみがつき、
　　すくうととろとろと流れ落ち、あとがすぐに消えるくらい
　　（六分立て）になったらOK（ e ）。

6　4 に 5 を 2 回に分けて加え、そのつど片手でボウルを回し
　　ながら、ゴムべらで底からすくい返すようにして全体を
　　20回ほど混ぜる（ f ）。なじめばOK。

7　容器に流し入れ、冷蔵室で 3 時間ほど冷やし固める。薄切
　　りにした洋梨のコンポートを等分にしてのせる。

a　　　　　b　　　　　c

d　　　　　e　　　　　f

93

# 柿のコンポート

柿ならではのやさしい甘みが広がるコンポート。適度に熟していてやわらかい柿だと味が
入りやすいです。八角で風味づけして全体を引き締めています。

[ **材料と下準備** ] 作りやすい分量
柿（種なし）… 3個（正味450g）
　　→ 水洗いして水けを拭く。へたを取って皮を
　　　むき、12等分のくし形切りにする（a）

A ⎡ 水 … 400g
　｜ きび砂糖 … 120g（水の重量の30%）
　｜ しょうが … 10g
　｜ 　　→ 皮つきのまま薄切りにする
　｜ シナモンスティック … 1本
　⎣ 八角 … 1個

note

・柿に種がある場合は切るときに取り除いてください。
・保存の際はしょうが、シナモンスティック、八角は取り
　除いてください。

1　鍋にAを入れて強めの中火で煮立て、きび砂糖を溶かす。
　弱火にして柿を加え、落としぶたをして15分ほど煮る。
　火を止め、そのまま冷ます。

┌ 保存期間 ─────┐
│ 冷蔵で約1週間 │
└───────────┘

a

---

# 柿のコンポートの豆花

台湾の代表的なスイーツ、豆花（トウファ）に、柿のコンポートとシロップを合わせまし
た。やさしい風味と甘みがくせになります。

[ **材料と下準備** ] 作りやすい分量
豆乳（成分無調整）… 400g
きび砂糖 … 40g
A ⎡ 冷水 … 30g
　⎣ 粉ゼラチン … 6g
　　→ 冷水に粉ゼラチンをふり入れ、冷蔵室で10
　　　分ほどふやかす
柿のコンポート（上記）… 適量
柿のコンポートのシロップ（上記）… 適量
ゆであずき … 適量

note

・ゼラチンで固めているため、シロップは冷たいものにし
　ています。温かいものだと溶けてしまう可能性がありま
　す。

1　鍋に豆乳ときび砂糖を入れて中火で熱し、煮立たせないよ
　うに温め（約70℃）、火を止める。Aを加えてゴムべらで
　よく混ぜ（a）、ゼラチンを溶かす。

2　ボウルに移し、ボウルの底を氷水にあて、やさしく混ぜな
　がら軽くとろみがつくまで冷ます（b）。保存容器に流し
　入れ、冷蔵室で3時間ほど冷やし固める。

3　スプーンですくって器に盛り、柿のコンポートとゆであず
　きをのせ、シロップをかける。

a

b

# 干し柿

本格的な干し柿は、天候や湿度に左右されることが多くて難しいのですが、これなら大丈夫。オーブンで加熱して作る、失敗のないセミドライタイプのものをご紹介します。

[ **材料と下準備** ] 作りやすい分量

柿（種なし）… 3 個（正味450g）

→ 水洗いして水けを拭く。へたを取って皮をむき、縦に幅 7 mmに切る

はちみつ … 30g

＊オーブンはほどよいタイミングで110℃に予熱する。

| note |

・冷めたらジッパーつき保存袋に入れ、かびないように袋の空気を抜いて口を閉じ、冷蔵室で保存します。

| 保存期間 |

冷蔵で 1 ～ 2 週間

1 バットに柿を並べ、はちみつをかける（ a ）。柿に密着させるようにラップをかけ、常温に30分ほどおく。

2 オーブン用シートを敷いた天板に並べ（ b ）、110℃のオーブンで40分ほど焼く。柿の上下を返し、さらに40～50分焼く。表面が乾いたらオーブン用シートごと網にのせて冷ます。

# 干し柿のホワイトチョコがけ

ホワイトチョコレートと柿は実は相性が抜群です。濃厚でミルキーなホワイトチョコレートによって味にメリハリがつきます。

[ **材料** ] 作りやすい分量

コーティングホワイトチョコレート … 200g
干し柿（上記）… 100g

| note |

・コーティングチョコレートはテンパリング（温度調節）不要の、溶かすだけで簡単にコーティングができるチョコレート。普通のホワイトチョコレートでも作れますが、温めすぎるとつやがなくなるので、40℃以上にならないようにしながら溶かしてください。
・干し柿の代わりにオレンジピール（p.122）を乾燥させたもので作っても合います。

1 耐熱ボウルにホワイトチョコレートを入れる。ラップをせずに電子レンジで 1 分ほど加熱して混ぜる、を 3 回繰り返し、溶かす（ a ）。

2 干し柿の半分ほどを 1 に浸し（ b ）、オーブン用シートに並べて常温で乾かす。

99

# いちじくのジャム

いちじくも足が早く、ジャムに適したくだものです。使用するいちじくは、ほどよく甘い
ものがおすすめ。ジャスミンティーの茶葉で華やかさを加えました。

[ **材料と下準備** ] 作りやすい分量

いちじく … 3個（正味500g）

→ 水洗いして水けを拭き、皮をむいて1cm角
　に切る

グラニュー糖 … 300g
（いちじくの果肉の重量の60%）

レモン果汁 … 20g

ジャスミンティーの茶葉 … 5g

→ お茶パックに入れる

note

・ジャスミンティーの茶葉の代わりに好みの紅茶の茶葉で
　作ってもOKです。

1　鍋にすべての材料を入れて軽く混ぜ、グラニュー糖が溶け
　ていちじくから水分が出るまで常温に30分ほどおく（a）。

2　1の鍋をゴムべらで混ぜながら強めの中火で熱し、煮立っ
　たら弱めの中火にする。あくを取り、いちじくをつぶしな
　がら、鍋底から大きく混ぜ続けて10分ほど煮る。お茶パ
　ックの汁けをきって取り出し、同様に10〜15分煮る。

3　ゆるくとろみがついたら（b）冷水に少量をたらし、底に
　沈めばOK（水面近くですぐに散る場合はもう少し煮る）。

a

b

保存期間

保存容器の消毒法による（p.8参照）

# いちじくとラズベリーのマフィン

甘酸っぱさがたまらないしゃれたマフィンです。オーブン用シートに切り込みを入れて型に敷くと、マフィンが縦に膨らみやすく、高さが出ます。

[ **材料と下準備** ] 直径7cmのマフィン型6個分

A
- バター（食塩不使用）… 50g
  - → 常温にもどす
- 太白ごま油 … 10g
- グラニュー糖 … 60g

全卵 … 50g
→ 常温にもどし、ほぐす

B
- 薄力粉 … 100g
- アーモンドパウダー … 20g
- ベーキングパウダー … 4g

牛乳 … 50g

ジャスミンティーの茶葉 … 3g
→ すり鉢やミルで細かくする

冷凍ラズベリー … 50g
→ 粗くつぶし（ a ）、冷凍室に入れておく

いちじくのジャム（左記）… 30g＋60g
→ 60gは絞り出し袋に入れ、袋の先端を1cmほど切り落とす

＊12×12cmのオーブン用シートを6枚用意し、長さ3cmほどの切り込みを4か所に入れる（ b ）。
＊オーブンはほどよいタイミングで190℃に予熱する。

note
・いちごとラズベリーのジャム（p.12）やルバーブジャム（p.66）でも作れます。
・太白ごま油の代わりに米油やサラダ油で作ってもOK。

1 ボウルにAを入れ、ハンドミキサーの高速でふんわりするまで1分ほど混ぜる。全卵を3回に分けて加え、そのつどつやが出るまで高速で1分ほど混ぜる。

2 Bの1/3量をふるい入れ、片手でボウルを回しながら、ゴムべらで底からすくい返すようにして全体を20回ほど混ぜ、牛乳の1/2量を加えて同様に20回ほど混ぜる（ c ）。これをもう一度繰り返す。最後に残りのBをふるい入れ、ジャスミンティーの茶葉も加え、同様に20回ほど混ぜる。粉けがなくなったらラズベリーを加え、大きく5回ほど混ぜる。

3 型に切り込みを入れた12×12cmのオーブン用シートを敷き（ d ）、2を入れる（ e ）。さらにいちじくのジャム30gをのせる（ f ）。

4 予熱完了後に180℃に下げたオーブンで23〜25分焼き、竹串を刺してもなにもついてこなければ焼きあがり。型から取り出して、オーブン用シートごと網にのせて冷ます。

5 4の中央に箸1本の太いほうを深さの半分ほどまで入れ（ g ）、穴を開ける。穴にいちじくのジャム60gの絞り出し袋をさし込んで10gずつ絞る（ h ）。

a

b

c

d

e

f

g

h

ぶどうのコンポート　page 106

# ぶどうのコンポート

スパークリングワインを使うことで深みのある仕上がりに。皮も煮るので、巨峰やニュー
ピオーネなど、黒色系の種なしぶどうで作ると、シロップがきれいな紫色に染まります。

[ 材料と下準備 ] 作りやすい分量
ぶどう（種なし）… 300g
　──→ 水洗いし、房からはずす
　　┌ 水 … 200g
　　│ スパークリングワイン … 100g
**A**│ グラニュー糖 … 60g（水＋
　　│ 　　スパークリングワインの重量の20%）
　　└ レモン果汁 … 20g

note

・スパークリングワインは甘口ならやさしい味に、辛口な
らあっさり味に仕上がります。白ワインで作っても構い
ません。

**1** 鍋にたっぷりの湯を中火で沸かし、ぶどうを20秒ほどゆ
で、ざるに上げる。流水で冷まし、水けをきって皮をむく
（**a**）。お茶パック1袋に入るぶんだけ皮を入れる（**b**）。

**2** 鍋に**A**を入れて強めの中火で煮立て、グラニュー糖を溶か
す。弱火にして**1**を加え、落としぶたをして10分ほど煮
る。

**3** 火を止めてお茶パックの汁けをきって取り出し、そのまま
冷ます。

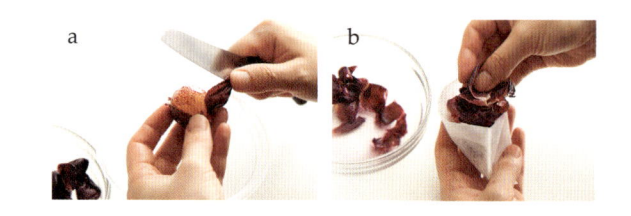

a　　　　　　　b

┌─────────────┐
│ 保存期間　　　　│
│ 冷蔵で約1週間　│
└─────────────┘

# ぶどうのゼリー

シロップごとゼラチンで固めて、すべてのおいしさをゼリーに閉じ込めます。ミントの葉を加えることでさわやかなあと味に。

[ **材料と下準備** ]

7.5×6×高さ4cmのオーバル型5個分

ぶどうのコンポートの
　シロップ（左記）… 200g

グラニュー糖 … 20g

A ⎡ 冷水 … 30g
　⎣ 粉ゼラチン … 6g

　⟶ 冷水に粉ゼラチンをふり入れ、冷蔵室で10分ほどふやかす

ぶどうのコンポート（左記）… 200g

　⟶ 汁けをきり、半分に切る

ミントの葉 … 15枚

[ note ]

・桃のコンポート（p.46）やみかんのコンポート（p.138）でも作れます。

・ゼリーの型は好みのものでOK。型を使用せず、グラスや容器に直接流し入れ、冷やし固めても構いません。

・作り方**3**でゼリーが取り出しにくいときは、型の底をぬるま湯（約40℃）にさっとつけてください。

**1** 鍋にシロップとグラニュー糖を入れて中火で熱し、煮立たせないように温め（約70℃）、火を止める。**A**を加えてゴムべらでよく混ぜ、ゼラチンを溶かす。

**2** ボウルに移し、ボウルの底を氷水にあて、やさしく混ぜながら軽くとろみがつくまで冷ます（**a**）。ぶどうのコンポートとミントの葉を加え、さっと混ぜる。型に流し入れ、冷蔵室で3時間ほど冷やし固める。

**3** 温かいぬれぶきんで型を温め（**b**）、ゼリーの縁を指で軽く押さえてすき間を作る（**c**）。皿をかぶせてひっくり返し、ゼリーを取り出す。

a

b

c

hiver

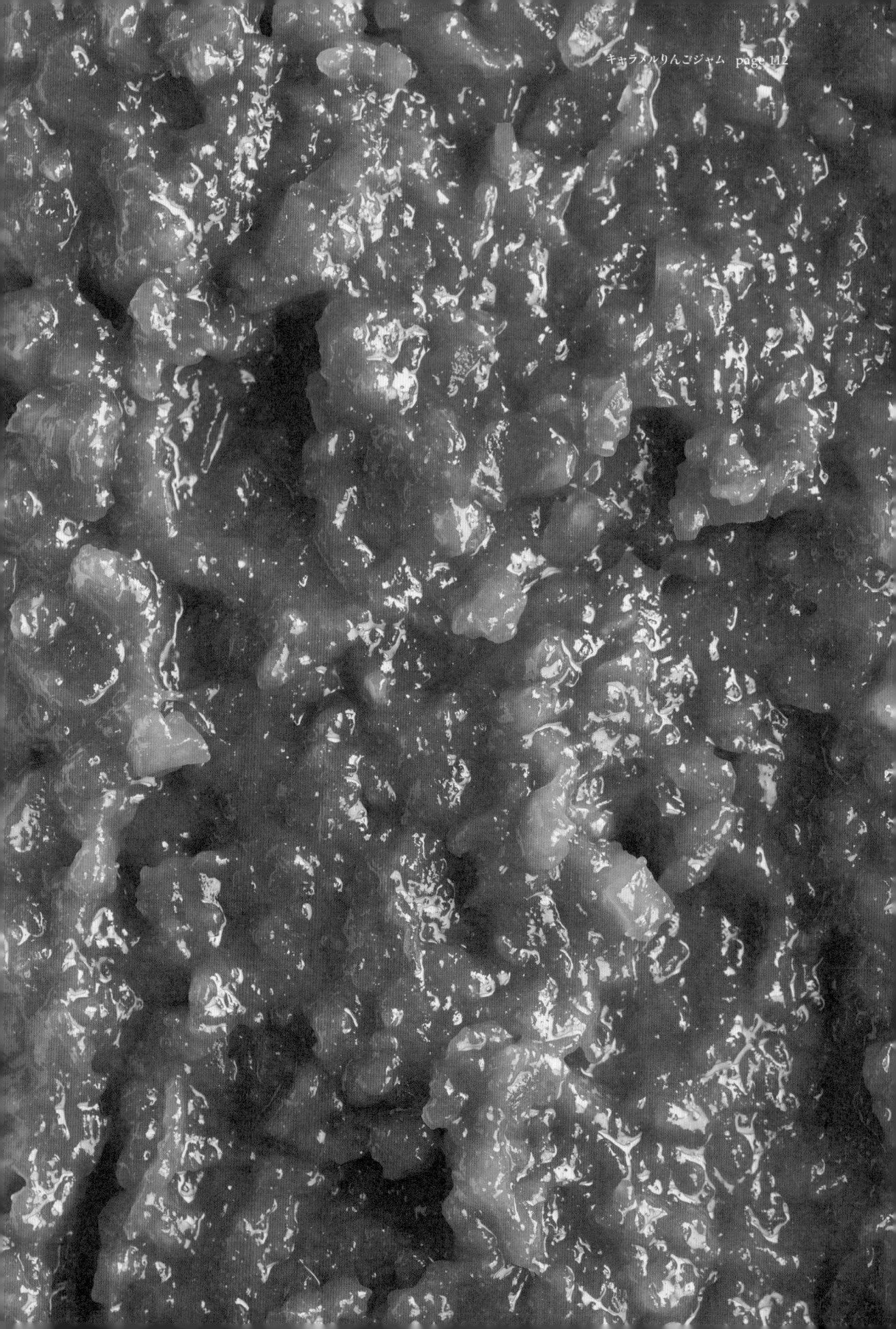

# キャラメルりんごジャム

りんごジャムにキャラメルを加えた濃厚な味わいのジャムです。紅玉やジョナゴールドなど、酸味が強いりんごで作ると、メリハリがついてよりおいしくできあがります。

[ 材料と下準備 ] 作りやすい分量

りんご … 小2個（正味300g）

→ 水洗いして水けを拭く。4等分のくし形切りにして皮をむき、芯を取る。150gは5mm角に切り、残りの150gはすりおろす（ a ）

キャラメル

生クリーム（乳脂肪分45%）… 100g

A ┃ グラニュー糖 … 100g
　 ┃ 水 … 15g
　 ┃ 塩 … 1g

グラニュー糖 … 180g
（りんごの果肉の重量の60%）

レモン果汁 … 15g

note

・キャラメルのできあがり量は150〜170g。全量をジャムに加えます。

1 キャラメルを作る。耐熱ボウルに生クリームを入れ、ラップをせずに電子レンジで30秒ほど加熱する。

2 小鍋にAを入れ、動かさずに中火で熱する。グラニュー糖の半分ほどが溶けたら鍋を回してまんべんなく加熱し、完全に溶かす。煮立ったら弱めの中火にして煮詰め、濃いあめ色になったら火を止める。生クリームを3回に分けて加え（ b ）、そのつど泡立て器でなじむまで混ぜ、耐熱容器に移す。キャラメルのできあがり。

3 鍋にりんご（5mm角に切った150g＋すりおろした150g）、グラニュー糖、レモン果汁を入れて軽く混ぜ、グラニュー糖が溶けてりんごから水分が出るまで常温に30分ほどおく。

4 3の鍋をゴムべらで混ぜながら強めの中火で熱し、煮立ったら弱めの中火にする。あくを取りながら、鍋底から大きく混ぜ続けて20分ほど煮る。2のキャラメルを加え、混ぜながらなじませ、煮立ったら弱めの中火のまま5分ほど煮詰める。ゆるくとろみがついたらOK（ c ）。

a

b

c

保存期間

保存容器の消毒法による（p.8参照）

# キャラメルりんごジャムのサンドクッキー

バターにキャラメルりんごジャムを加え混ぜることで、クッキーが湿気りにくくなり、さくさくとした食感をキープできます。冷やして食べてもおいしいです。

[ **材料と下準備** ] 7×5cm6組分

**クッキー生地**
- バター（食塩不使用）… 60g
  → 常温にもどす
- 塩 … ひとつまみ
- 粉砂糖 … 35g
- 卵黄 … 20g＋適量
  → それぞれ常温にもどし、ほぐす
- **A** ┌ 薄力粉 … 100g
  ├ アーモンドパウダー … 15g
  └ ベーキングパウダー … 2g

**キャラメルりんごジャムバター**
- バター（食塩不使用）… 100g
  → 常温にもどす
- キャラメルりんごジャム（左記）… 50g

キャラメルりんごジャム（左記）… 40g

＊オーブンはほどよいタイミングで180℃に予熱する。

note

・シルパンはグラスファイバーをメッシュ状の穴をふさがないようにシリコンコーティングしたマット。余分な油分や水分が落ち、さくさくな焼きあがりになります。オーブン用シートでも構いません。

1 クッキー生地を作る。ボウルにバターと塩を入れて泡立て器でなめらかになるまで混ぜ、粉砂糖をふるい入れ、なじむまですり混ぜる。卵黄20gを2回に分けて加え、そのつどつやが出るまでよく混ぜる。

2 Aを3回に分けてふるい入れ、そのつどゴムべらで縦に2〜3回切り、片手でボウルを回しながら、底からすくい返すようにして全体を10回ほど混ぜる。粉けがなくなったらボウルの側面に生地を5回ほどこすりつけ、ひとつにまとめる。

3 オーブン用シート2枚ではさみ、ときどきカードで形を整えながら、めん棒で21×20×厚さ4mmほどにのばす。オーブン用シートごとラップで包み、冷蔵室で1時間ほど冷やす。

4 包丁で7×5cm（12等分）に切り分け（a）、シルパン（またはオーブン用シート）を敷いた天板に間隔をあけて並べ、はけで卵黄適量を塗る（b）。予熱完了後に170℃に下げたオーブンで15分ほど焼き、網にのせて冷ます。クッキー生地のできあがり。

5 キャラメルりんごジャムバターを作る。ボウルにバターを入れ、ハンドミキサーの高速で1分ほど混ぜてなめらかにする。キャラメルりんごジャムを加えて高速で30秒ほど混ぜ、直径1cmの丸口金をセットした絞り出し袋に入れる。

6 4のクッキー生地6枚の裏面に5のキャラメルりんごジャムバターを直線に4本ほど絞り出し（c）、キャラメルりんごジャムをのせ（d）、残りの4のクッキー生地を1枚ずつ重ねてはさむ。

りんごのキャロットケーキ page 117

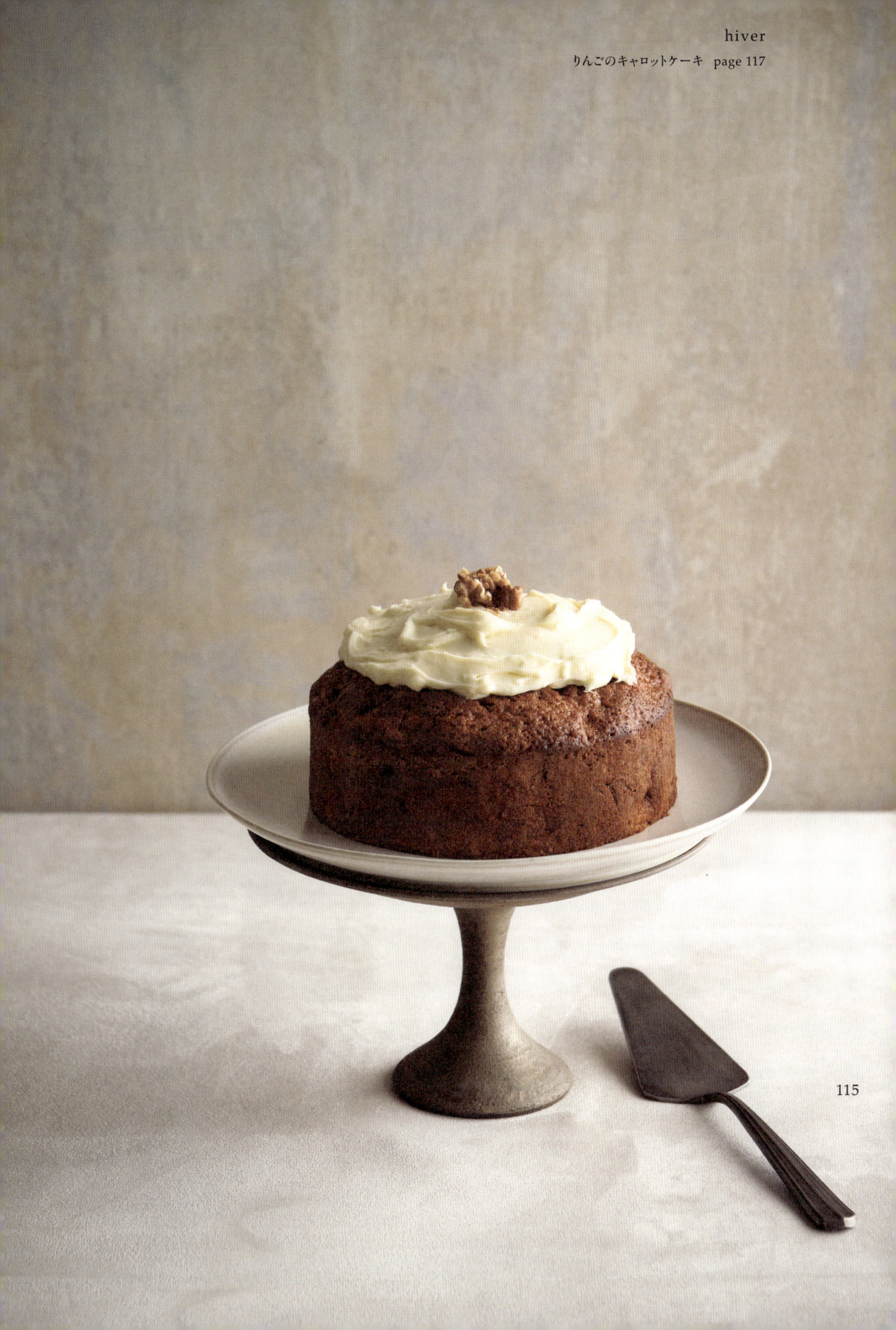

# りんごとレーズンのコンポート

りんごはかためで煮崩れしにくく、酸味が強めのものがおすすめです。ここでは紅玉を使いましたが、入手できるものの中で選んでください。りんごと相性のよいシナモンの香りをまとわせました。

[ **材料と下準備** ] 作りやすい分量

りんご … 小2個（正味300g）

→ 水洗いして水けを拭く。8等分のくし形切りにして皮をむき、芯を取る

レーズン … 50g

A ┌ 水 … 400g
  │ きび砂糖 … 120g（水の重量の30%）
  └ シナモンスティック … 1本

note

・レーズンは熱湯をかけたりもどしたりせず、そのまま使用します。
・保存の際はシナモンスティックは取り除いてください。

1 鍋にAを入れて強めの中火で煮立て、きび砂糖を溶かす。弱火にしてりんごとレーズンを加え、落としぶたをして10分ほど煮る。火を止め、そのまま冷ます。

保存期間

冷蔵で約1週間

# りんごのキャロットケーキ

イギリス人の友人がふるまってくれたりんご入りのキャロットケーキをヒントにレシピを
考えました。キャロットケーキはオイル生地が主流ですが、本書では風味のよいバターを
溶かしたもので生地を作り、しっとりとした仕上がりにしています。

[ **材料と下準備** ] 直径 15cm丸型（底取）1 台分

全卵 … 100g
　　──→ 常温にもどす

きび砂糖 … 120g

バター（食塩不使用）… 100g
　　──→ 耐熱ボウルに入れ、ラップをせずに電子レ
　　　　ンジで1分ほど加熱して溶かす

A ┌ 薄力粉 … 130g
　├ シナモンパウダー … 4 g
　└ ベーキングパウダー … 4 g

にんじん … 100g
　　──→ スライサーでせん切りにする（ a ）

りんごとレーズンのコンポート（左記）
　　… りんご80g＋レーズン40g
　　──→ りんごは汁けをきって 5 mm角に切る。レー
　　　　ズンは汁けをきる（ a ）

くるみ（ロースト済み）… 40g＋適量
　　──→ 40gは 1 cm角に切る（ a ）

フロスティング
　│ クリームチーズ … 100g
　│　──→ 常温にもどす
　│ グラニュー糖 … 25g
　└ バニラエッセンス … 5 滴

＊型の底と側面にオーブン用シートを敷く。
＊オーブンはほどよいタイミングで天板ごと 190℃に
　予熱する。

> **note**
>
> ・粉類を混ぜすぎると生地がねっとりする原因に。粉けが
> 　残っている状態で具材を混ぜ、粉けがなくなったら混ぜ
> 　るのをやめてください。
> ・くるみがロースト済みでない場合は150℃に予熱したオー
> 　ブンで10分ほど焼き、冷ましてから使用します。
> ・火通りをよくするため、天板もいっしょに予熱します。

1 ボウルに全卵を入れて泡立て器でほぐし、きび砂糖を加え
　て空気を含ませるように 1 分ほど混ぜる（ b ）。溶かしバ
　ター（約40℃）を 3 回に分けて加え、そのつどなじんで
　つやが出るまで混ぜる。

2 Aを一度にふるい入れ、片手でボウルを回しながら、ゴム
　べらで底からすくい返すようにして全体を20回ほど混ぜ
　る（ c ）。粉けが残っている状態でにんじん、りんごとレ
　ーズンのコンポート（りんご＋レーズン）、1 cm角に切っ
　たくるみ40gを加え、同様に15回ほど混ぜる（ d ）。粉け
　がなくなればOK。

3 型に入れ、予熱完了後に180℃に下げたオーブンで45分ほ
　ど焼く。竹串を刺してもなにもついてこなければ焼きあが
　り。型を高さ10cmほどのところから台に 2 回落とし、型
　からはずして、オーブン用シートごと網にのせて冷ます。

4 フロスティングを作る。ボウルにクリームチーズを入れ、
　泡立て器で混ぜてなめらかにする。グラニュー糖とバニラ
　エッセンスを加え、なじむまで混ぜる。

5 3 のオーブン用シートをはずし、4 のフロスティングをの
　せてゴムべらで塗り広げ、くるみ適量を割ってのせる。

レモンカード page 120

118

レモンカードのブッセ　page 121

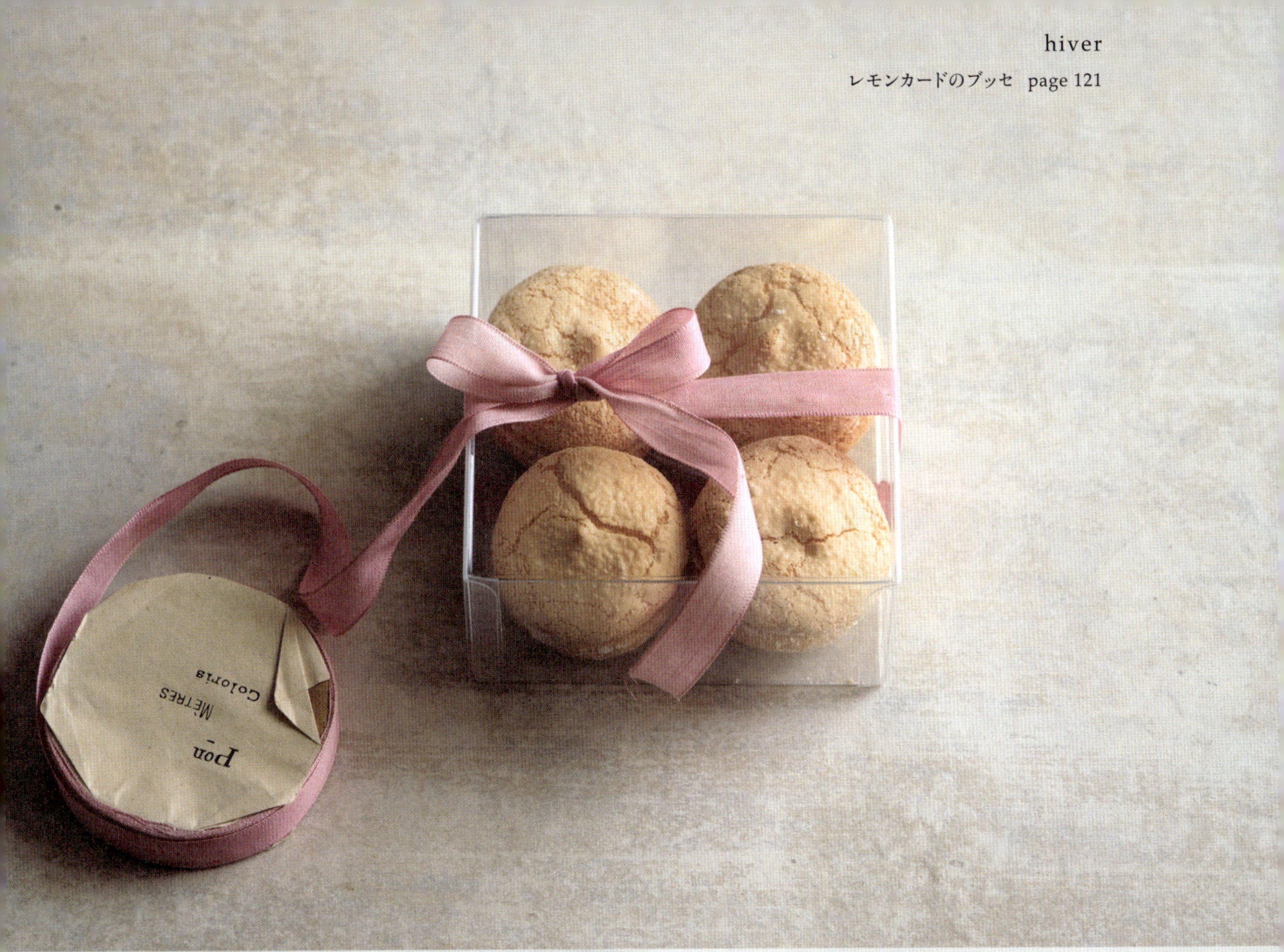


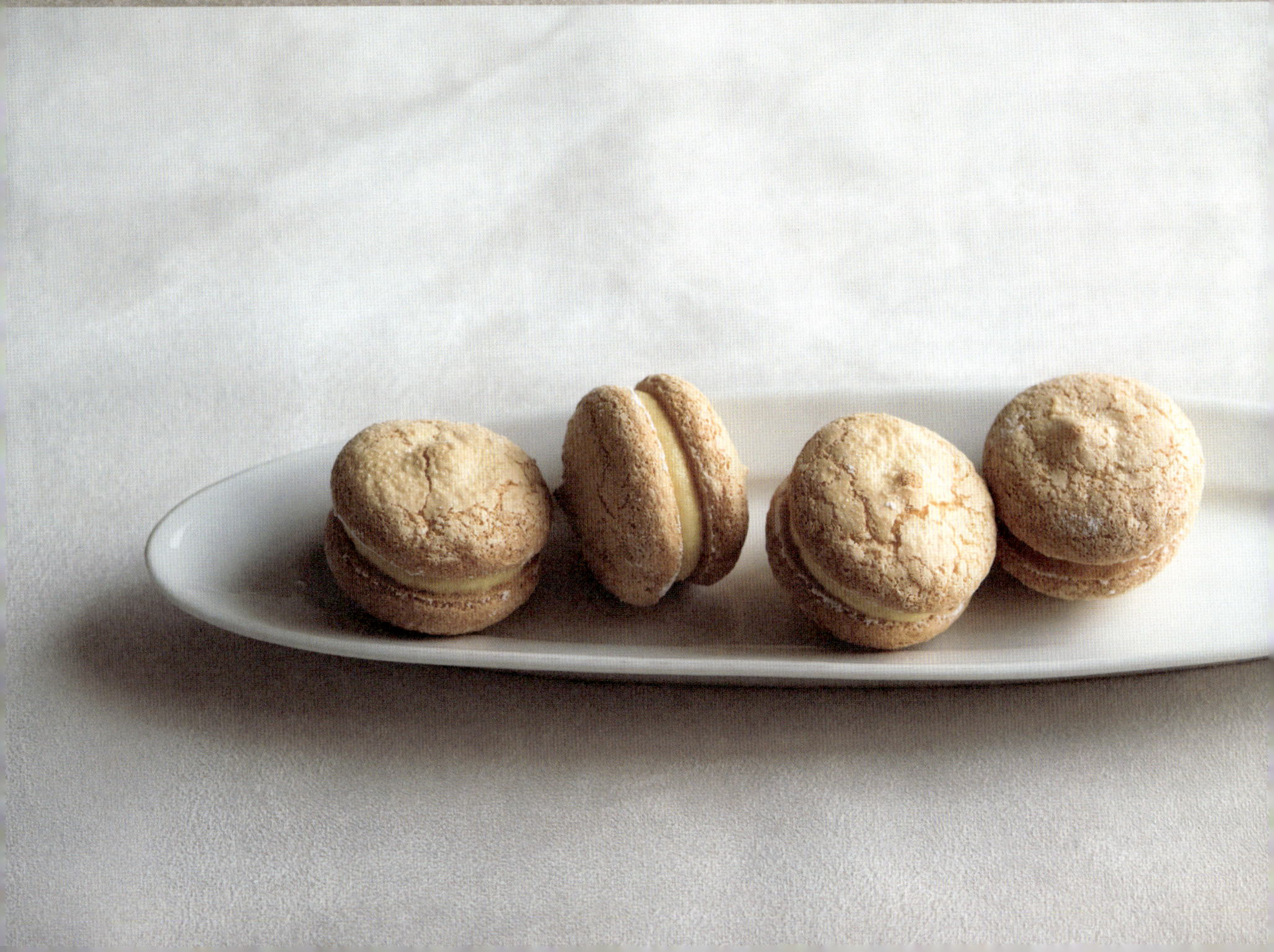

# レモンカード

レモン、砂糖、バター、卵で作る、イギリスの伝統的なスプレッドです。濃厚でありながらさっぱりとしていて、パンやスコーンなどに合います。国産レモンが手に入りやすい冬に、ぜひ手作りしてみてください。

[ **材料と下準備** ] 作りやすい分量

レモンの皮 … 2個分
→ 塩適量をこすりつけてよく洗い、水けを拭いてすりおろす

レモン果汁 … 2〜3個分（120g）

グラニュー糖 … 150g

コーンスターチ … 7g

全卵 … 90g
→ 常温にもどす

卵黄 … 60g
→ 常温にもどす

バター（食塩不使用）… 150g
→ 常温にもどす

note

・作り方5は焦げやすいので弱めの中火で混ぜ続けるのがポイント。
・レモンカードのできあがり量は約400g。卵を使用しているので保存期間は短めです。

1 小さめのボウルにレモンの皮、グラニュー糖、コーンスターチを入れて混ぜる（a）。

2 別のボウルに全卵と卵黄を入れて泡立て器でほぐし、1を加えてクリーム色になるまで1分ほどすり混ぜる（b）。

3 鍋にレモン果汁とバターを入れて中火で熱し、鍋の縁に小さな泡が立ってきたら（c）火を止める。

4 2に3を3回に分けて加え（d）、そのつど泡立て器でなじむまで混ぜる。

5 鍋に戻し入れ、泡立て器で混ぜながら弱めの中火で熱し、鍋の縁に小さな泡が立ってきて、少しとろみがついたら、さらに15秒ほど混ぜ続け（e）、火を止める。

6 ボウルで受けたざるでこす（f）。

保存期間

冷蔵で約1週間

# レモンカードのブッセ

「bouchée」はフランス語でひと口を意味する言葉。しかし、「ブッセ」というお菓子はフランスにはありません。日本で生まれたこのお菓子は、ビスキュイ生地でクリームをはさんだもの。レモンカードを使って小さめに作りました。

[ 材料と下準備 ] 直径5cm 7組分

**生地**
- A
  - 卵黄 … 20g
    → 常温にもどす
  - グラニュー糖 … 10g
  - レモンの皮 … 1/2個分
    → 塩適量をこすりつけてよく洗い、水けを拭いてすりおろす

**メレンゲ**
- 卵白 … 30g
  → 冷蔵室で冷やしておく
- グラニュー糖 … 20g

薄力粉 … 30g
粉砂糖 … 適量

**レモンクリーム**
- バター（食塩不使用） … 30g
  → 常温にもどす
- レモンカード（左記） … 100g

\*オーブン用シートに直径4cmの円を少し間隔をあけて14個描き（ a ）、裏返して天板にのせる。
\*オーブンはほどよいタイミングで180℃に予熱する。

[ note ]
・天板にのせたオーブン用シートの四隅に少量の生地をつけ、のり代わりにするとシートがめくれず、安定します。
・作り方4で、高さ1cmほどのところから口金を動かさずに垂直に生地を絞り出すときれいな円になります。
・粉砂糖は生地にひびが入るのを防ぐ役割があります。

1 生地を作る。ボウルにAを入れ、泡立て器で1分ほどすり混ぜる。

2 メレンゲを作る。別のボウルに卵白を入れ、ハンドミキサーの低速で30秒ほどほぐす。高速にして30秒ほど混ぜ、泡立ってきたらグラニュー糖を2回に分けて加え、そのつど高速で10秒ほど泡立てる。全体になじんだら、さらに高速で1分30秒ほど泡立てる。すくうとつのがすっと立つくらいになったらOK（ b ）。

3 2に1を加え、片手でボウルを回しながら、ゴムべらで底からすくい返すようにして全体を15回ほど混ぜる。8割ほど混ざったら薄力粉を一度にふるい入れ、同様に20回ほど混ぜる。ゴムべらで持ち上げて、たれないくらいのかたさになったらOK（ c ）。

4 直径1cmの丸口金をセットした絞り出し袋に3を入れ、オーブン用シートの円に沿って絞り出す（ d ）。粉砂糖を茶こしに入れ、2回ふる（ e ）。予熱完了後に170℃に下げたオーブンで12〜14分焼き、薄く色づいたらオーブン用シートごと網にのせて冷ます。生地のできあがり。

5 レモンクリームを作る。ボウルにバターを入れ、泡立て器で混ぜてなめらかにする。レモンカードを加えてなじむまで混ぜ、直径1cmの丸口金をセットした絞り出し袋に入れる。

6 4の生地の7個の裏面に5のレモンクリームを絞り出し（ f ）、残りの4の生地を1個ずつ重ねてはさむ。

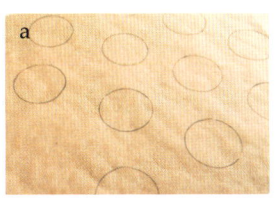

オレンジピールのウェルシュケーキ　page 124

オレンジピールと紅茶のクッキー　page 125

# オレンジピール

しっとりとやわらかな食感を目指しました。そのためにはグラニュー糖を少しずつ加えていくのがポイント。ゆでこぼして苦みを取り除くのも重要な工程です。チョコレートをコーティングしたり、パウンドケーキの具材にしたり、さまざまに応用できる保存食です。

[ **材料と下準備** ] 作りやすい分量
オレンジ … 3個（750g）

　→ 皮に塩適量をこすりつけ、よく洗って水けを拭く。上下を薄く切り落とし、4等分のくし形切りにして果汁を絞る（果汁は作り方2で重量を量る）。皮と薄皮の間に切り込みを入れ（ a ）、薄皮をはずす

グラニュー糖
　… 下ゆでしたオレンジの皮の重量と同量

note

・レモンなどのほかの柑橘類でも作れます。ゆでこぼす回数で苦みを調整しながら、好みのものを作ってみてください。

保存期間
冷蔵で約2週間／冷凍で約6か月

1　鍋にオレンジの皮とたっぷりの水を入れて中火で熱し、沸騰したら中火のまま10分ほどゆで、鍋ごと流し台に移してゆで汁をゆっくり捨て、流水をあてながら皮をしっかり洗う（ b ）。再びたっぷりの水を加え、同様にあと2〜3回繰り返す。オレンジの皮に竹串を刺してすっと通り、少し食べてみて強い苦みがなければOK。

2　オレンジの皮を取り出し、縦に幅8mmに切る（ c ）。皮の重量を量り、同量のオレンジ果汁とグラニュー糖を用意する（果汁の重量がたりない場合は水適量をたす）。

3　鍋にオレンジの皮と計量した果汁を入れる。グラニュー糖の1/3量を加えて中火で熱し、煮立ってきたら弱火にして15分ほど煮る。続けてグラニュー糖の1/3量を加えて15分ほど煮て、残りのグラニュー糖を加えて15分ほど煮る。ゆるくとろみがつかない場合はさらに10分ほど煮詰め、そのまま冷ます（ d ）。

# オレンジピールのウェルシュケーキ

スコーンとパンケーキの中間のような、しっとり食感のイギリス菓子。そのままでもおいしいですが、粉砂糖をふったり、ジャムを塗って食べてもよいでしょう。

[ **材料と下準備** ] 直径6cm6〜7枚分

A
　┌ 薄力粉 … 100g
　├ シナモンパウダー … 1g
　└ ベーキングパウダー … 2g

B
　┌ バター（食塩不使用）… 50g
　│　→ 1cm角に切り、冷蔵室で冷やしておく
　├ きび砂糖 … 30g
　└ 塩 … 1g

牛乳 … 10g
全卵 … 25g
オレンジピール（上記）… 30g
　→ 5mm角に切る
レーズン … 10g
　→ 熱湯をかけて水けをきり、粗く刻む

note

・菊のクッキー抜き型がない場合は、直径5〜6cmの丸のクッキー抜き型でも作ることができます。
・全卵は常温にもどす必要はありません。

1　ボウルにAをふるい入れてBを加え、カードでバターを切るように混ぜる。バターが細かくなってきたら指先でつぶしたり、両手でこすり合わせたりしながら粉となじませる。バターのかたまりがなくなったらOK。

2　牛乳と全卵を加え、カードで切るように混ぜる。なじんだら手でボウルに押しつけるようにしてまとめ、粉けがなくなったらオレンジピールとレーズンを加え、同様に押しつけるようにして混ぜる。

3　オーブン用シート2枚ではさみ、めん棒で厚さ8mmほどにのばす。オーブン用シートごとラップで包み、冷蔵室で20分ほど冷やす。

4　直径6cmの菊のクッキー抜き型で抜く（ e ）。残った生地はひとつにまとめ、オーブン用シート2枚ではさみ、めん棒で厚さ8mmほどにのばして同様に抜く。

5　フライパンを弱火で熱し、4を並べ、両面を5分ずつ焼く（ f ）。焼き色がついたら網にのせて冷ます。

# オレンジピールと紅茶のクッキー

甘く、さわやかなオレンジピールと、紅茶の香りがよく合います。紅茶の種類は好みで構いません。ただし茶葉が大きい場合は、すり鉢やミルで細かくしてから、生地に混ぜ込んでください。

[ **材料と下準備** ] 直径4cm 30枚分

A
- 薄力粉 … 90g
- アーモンドパウダー … 25g
- 粉砂糖 … 25g

B
- バター（食塩不使用） … 80g
  → 1cm角に切り、冷蔵室で冷やしておく
- 塩 … 1g
- バニラエッセンス … 5滴

はちみつ … 10g

紅茶の茶葉（アールグレイ・ティーバッグ）
… 3g

オレンジピール（左記） … 30g
→ 1cm角に切る

卵白 … 適量
→ 常温にもどし、ほぐす

グラニュー糖 … 適量
→ バットに入れておく

打ち粉（強力粉） … 適量

＊オーブンはほどよいタイミングで180℃に予熱する。

[ note ]

・作り方 **1** は、手の温度でバターが溶けないよう手早く行いましょう。バターが溶けてきたら冷蔵室で冷やしてください。フードプロセッサーで攪拌しても構いません。
・ **4** の生地は1か月ほど冷凍保存が可能。冷蔵室で解凍してから **5** に移ってください。

**1** ボウルに**A**をふるい入れて**B**を加え、カードでバターを切るように混ぜる。バターが細かくなってきたら指先でつぶしたり、両手でこすり合わせたりしながら粉となじませる。バターのかたまりがなくなったらOK。

**2** はちみつと紅茶の茶葉を加えてカードで切るように混ぜ、なじんだら手でボウルに押しつけるようにしてまとめる。

**3** 台に移し、手のひらのつけ根で生地を20回ほど押し出す（ **g** ）。なめらかになったらオレンジピールを散らし、同様に5回ほど押し出しながらなじませる。丸めてボウルに戻し、ラップをして冷蔵室で20分ほど冷やす。

**4** 台に **3** をのせて打ち粉を薄くふり、転がして長さ30×直径3cmほどの棒状にする。さらにバットの底を軽くあてて転がし（ **h** ）、表面をきれいにする。ラップで包み、冷凍室で1時間以上冷やす。

**5** **4** のラップをはずし、転がして形を整えて、はけで卵白を薄く塗る。長さを半分に切り、グラニュー糖を入れたバットに入れ、転がしながらまんべんなくまぶす。

**6** 幅1cmに切り、グラニュー糖とは別のバットに並べ、ラップをして冷蔵室で10分ほど冷やす。

**7** シルパン（またはオーブン用シート）を敷いた天板に間隔をあけて並べる。予熱完了後に170℃に下げたオーブンで13〜15分焼き、両面に薄く焼き色がついたら網にのせて冷ます。

a

b

c

d

e

f

g

h

# オレンジマーマレード

柑橘類の皮と果肉に砂糖を加えて煮込んだものを「マーマレード」と呼びます。本書では皮を細かく切り、ゆでこぼしをすることで、ほどよく苦みを抑えました。果肉は薄皮から取り出すときに形が崩れてしまっても気にしないでください。

[ **材料と下準備** ] 作りやすい分量

オレンジ … 2個（500g）

→ 皮に塩適量をこすりつけ、よく洗って水けを拭く。上下を薄く切り落として4等分のくし形切りにし、皮と薄皮の間に切り込みを入れ、薄皮ごと果肉をはずす。皮は長さを半分に切ってからせん切りにする。果肉は薄皮と果肉の間に切り込みを入れて取り出し、あれば種を取る（ a ）。お茶パック1袋に入るぶんだけ薄皮と種を入れる（ b ）

グラニュー糖 … 下ゆでしたオレンジの皮
　＋果肉の重量の50%

レモン果汁 … 20g

note

・レモンなどのほかの柑橘類でも作れます。2回目のゆでこぼす時間で苦みを調整しながら、好みのものを作ってみてください。

1 鍋にオレンジの皮とたっぷりの水を入れて中火で熱し、沸騰したら中火のまま10分ほどゆで、ざるに上げて水けをきる（ c ）。鍋に戻し、たっぷりの水を加えて中火で熱し、沸騰したら弱火にして30分ほどゆで、ざるに上げて水けをきる。

2 オレンジの皮と果肉の重量を量り、合計重量の50%のグラニュー糖を用意する。

3 鍋にオレンジの皮、果肉、お茶パックに入れた薄皮と種、グラニュー糖、レモン果汁を入れて軽く混ぜ、グラニュー糖が溶けてオレンジの果肉から水分が出るまで常温に30分ほどおく。

4 **3**の鍋をゴムべらで混ぜながら強めの中火で熱し、煮立ったら弱めの中火にする。あくを取りながら、鍋底から大きく混ぜ続けて10分ほど煮る。お茶パックの汁けをきって取り出し、同様に20分ほど煮る。ゆるくとろみがついたらOK（ d ）。

保存期間

保存容器の消毒法による（p.8参照）

# オレンジマーマレードとクリームチーズのパウンドケーキ

たっぷりのオレンジマーマレードとクリームチーズを使うことで、さっぱりとした風味が
ある、しっとりとした食感のパウンドケーキに仕上がります。オレンジの皮の苦みもよい
アクセントになって、味に深みを出してくれています。

[ **材料と下準備** ] 18cmパウンド型1台分

バター（食塩不使用）… 95g
→ 常温にもどす

バニラエッセンス … 5滴

グラニュー糖 … 90g

クリームチーズ … 60g
→ 常温にもどす

全卵 … 90g
→ 常温にもどし、ほぐす

A ┌ 薄力粉 … 105g
　└ ベーキングパウダー … 1g

オレンジマーマレード（左記）… 70g＋40g

＊型にオーブン用シートを敷く。
＊オーブンはほどよいタイミングで180℃に予熱する。

1 ボウルにバターとバニラエッセンスを入れ、ハンドミキサーの高速で1分ほど混ぜてなめらかにする（**a**）。グラニュー糖を加えて高速で2〜3分混ぜ、ふんわりしたらクリームチーズを加えて高速で30秒ほど混ぜる。全卵を5回に分けて加え、そのつどつやが出るまで高速で30秒〜1分混ぜる。

2 Aを一度にふるい入れ（**b**）、片手でボウルを回しながら、ゴムべらで底からすくい返すようにして全体を20回ほど混ぜる（**c**）。側面の生地を落とし、オレンジマーマレード70gを加えてさらに10回ほど混ぜる（**d**）。粉けがなくなればOK。

3 型に入れ、予熱完了後に170℃に下げたオーブンで45〜50分焼く。途中、10分ほどたったら、水でぬらしたナイフで中央に切り込みを入れる。

4 竹串を刺してもなにもついてこなければ焼きあがり。型を高さ10cmほどのところから台に2回落とし、型からはずして、オーブン用シートごと網にのせて冷ます。オーブン用シートをはずし、オレンジマーマレード40gをのせる。

金柑マーマレード　page 132

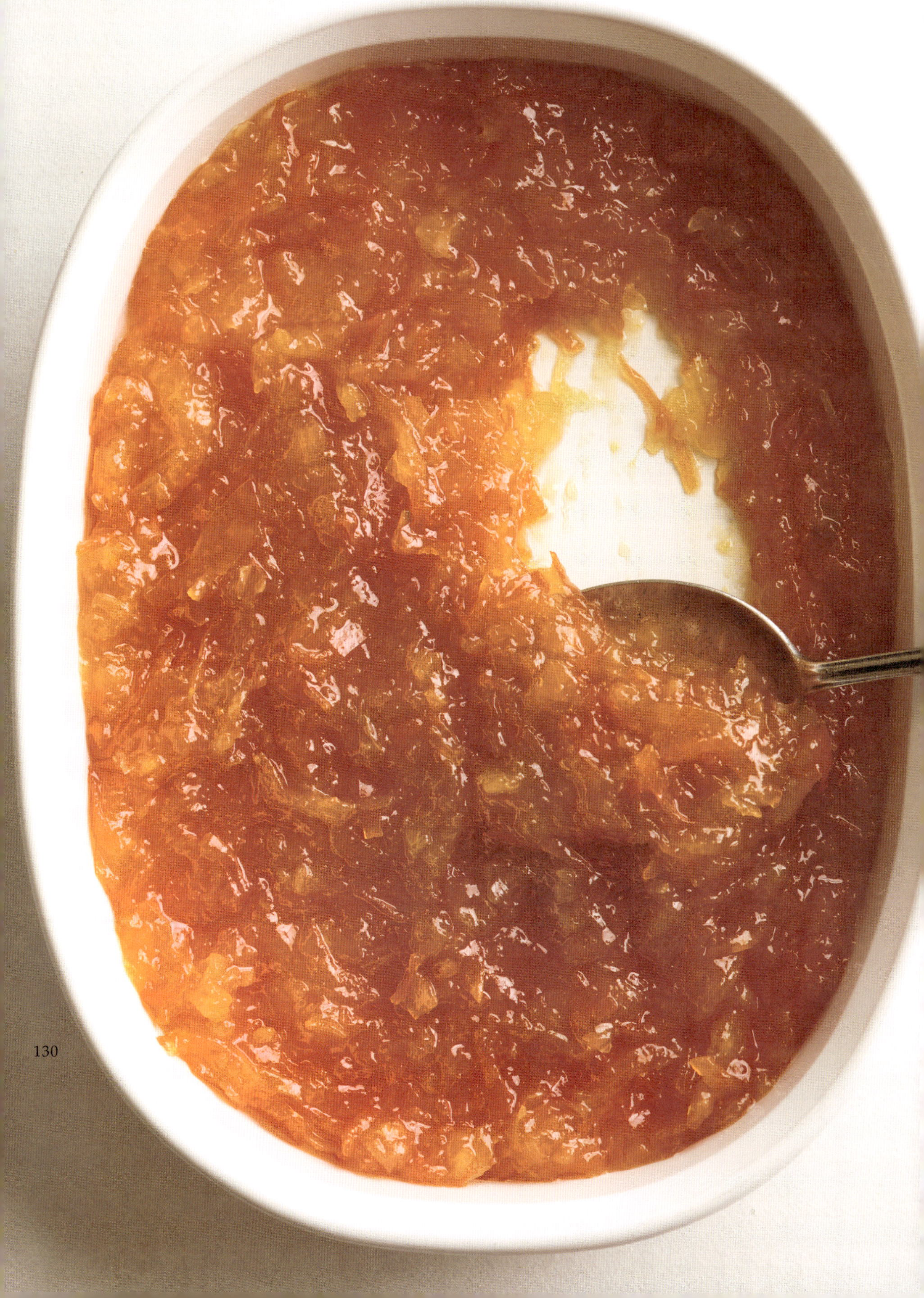

# 金柑マーマレード

金柑は皮の苦みが少なく、柑橘類の中でも扱いやすいくだものです。おいしい皮もいっしょに煮て、マーマレードにしました。

[ **材料と下準備** ] 作りやすい分量

金柑 … 400g
　→ 水洗いする
グラニュー糖 … 下ゆでした金柑の皮
　＋果肉の重量の60％
レモン果汁 … 15g

note

・金柑のコンディションによってゆでこぼす回数は異なります。目安としては皮に裂け目が入り始めたらOK。苦みがほどよく抑えられています。

1 鍋に金柑とたっぷりの水を入れて中火で熱し、沸騰したら中火のまま1〜2分ゆで、ざるに上げて水けをきる。鍋に戻し、再びたっぷりの水を加え、同様にあと2回繰り返す。金柑の皮に裂け目が入るようになったらOK（ a ）。

2 金柑のへたを取り、横半分に切って竹串で種を取る。スプーンで薄皮ごと果肉を取り出して（ b ）みじん切りにし（ c ）、皮はせん切りにする（ d ）。皮と果肉の重量を量り、合計重量の60％のグラニュー糖を用意する。

3 鍋に金柑の皮、果肉、グラニュー糖、レモン果汁を入れて軽く混ぜ、グラニュー糖が溶けて金柑の果肉から水分が出るまで常温に30分ほどおく（ e ）。

4 3の鍋をゴムべらで混ぜながら強めの中火で熱し、煮立ったら弱めの中火にする。あくを取りながら、鍋底から大きく混ぜ続けて20分ほど煮る。ゆるくとろみがついたらOK（ f ）。

保存期間

保存容器の消毒法による（p.8参照）

# 金柑マーマレードのマドレーヌ

金柑マーマレードのほのかな苦みと、いりごまの食感が絶妙にマッチしています。生地は
いったん冷蔵室でねかせるとグルテンが落ち着き、ふんわりと焼きあがります。

[材料と下準備] 7.5 × 5 cmのマドレーヌ型8個分
バター（食塩不使用）… 60g
  ⟶ 常温にもどす
全卵 … 60g
  ⟶ 常温にもどす
グラニュー糖 … 40g
はちみつ … 10g
A [ 薄力粉 … 50g
  ベーキングパウダー … 2 g
金柑マーマレード（左記）… 40g
白いりごま … 適量

*型に常温にもどしたバター適量（分量外）をはけで
　塗る。茶こしで強力粉適量（分量外）をふるい、余
　分な粉を落とし、冷蔵室に入れておく。
*オーブンはほどよいタイミングで天板ごと 190℃に
　予熱する。

[note]

・オレンジマーマレード（p.126）でも作れます。
・作り方3で、1の溶かしバターが冷めていたら再び湯せ
　んにかけ、約50℃に温めてください。
・火通りをよくするため、天板もいっしょに予熱を。

1 小さめのボウルにバターを入れ、湯せん（約70℃）にか
　けて溶かす（a）。

2 別のボウルに全卵を入れ、泡立て器で溶きほぐす。グラ
　ニュー糖とはちみつを加え、湯せん（約70℃）にかけなが
　ら混ぜる（b）。グラニュー糖が溶け、38〜40℃に温まっ
　たら湯せんからはずす。

3 Aを一度にふるい入れ、円を描くように20回ほど混ぜる。
　1の溶かしバター（約50℃）の1/2量を加えて同様に10回
　ほど混ぜ（c）、残りの溶かしバターを加えてさらに20回
　ほど混ぜる。なじんだらラップをして（d）、冷蔵室で3
　時間ほど冷やす。

4 ゴムべらで混ぜてなめらかにしてからスプーンで型の8分
　目まで（1個分約25gが目安）入れる（e）。金柑マーマレ
　ードを散らすようにのせ（f）、いりごまをふる。予熱完
　了後に180℃に下げたオーブンで12分ほど焼き、表面に焼
　き色がついたらすぐに型から取り出し、網にのせて冷ます。

# 金柑とはちみつのコンポート

金柑にしょうが、シナモン、こしょうで香りづけしました。グラニュー糖の代わりにはちみつを使って、やさしい甘さに仕上げています。

[ **材料と下準備** ] 作りやすい分量

金柑 … 300g

→ 水洗いして水けを拭く。へたを取って( a ）
横半分に切り、竹串で皮に数か所穴を開け、
種を取る( b ）

A
- 水 … 300g
- はちみつ … 90g（水の重量の30%）
- レモン果汁 … 20g
- しょうがの薄切り（皮つき）… 6枚
- シナモンスティック … 1/2本
- 黒粒こしょう… 5粒

| note |

・パウンドケーキの生地に混ぜ込んだり、ブラウニーにトッピングしたりしてもおいしいです。
・金柑はのどにもよく、シロップを湯や炭酸水（無糖）で割って飲むのもおすすめです。
・保存の際はしょうが、シナモンスティック、黒粒こしょうは取り除いてください。

**1** 鍋に**A**を入れて強めの中火で煮立て、弱火にして金柑を加え、落としぶたをして10分ほど煮る。火を止め、そのまま冷ます。

保存期間

冷蔵で約1週間

# 金柑ジュレのパンナコッタ

ほんのりとしょうがの風味を効かせたパンナコッタに、金柑とはちみつのコンポートで作ったジュレをのせて、それぞれの味が際立つようにしています。

[ 材料と下準備 ] 直径5×高さ7cmの容器5個分
パンナコッタ

A
- 生クリーム（乳脂肪分45％）… 100g
- 牛乳 … 100g
- しょうが … 1かけ（12g）
  → 幅5mmに切り、包丁の腹をあててつぶす

はちみつ … 40g

B
- 冷水 … 20g
- 粉ゼラチン … 4g
  → 冷水に粉ゼラチンをふり入れ、冷蔵室で10分ほどふやかす

生クリーム（乳脂肪分45％）… 100g

金柑ジュレ

金柑とはちみつのコンポートの
シロップ（左記）… 60g＋140g

C
- 冷水 … 12g
- 粉ゼラチン … 2.5g
  → 耐熱ボウルに冷水を入れ、粉ゼラチンをふり入れ、冷蔵室で10分ほどふやかす

金柑とはちみつのコンポート
（左記）… 100g
  → 汁けをきり、4等分に切る

1 パンナコッタを作る。鍋に**A**を入れて中火で熱し、煮立ってきたら弱火にして1分ほど煮る。火を止めてふたをし、10分ほど蒸らす。

2 ふたを取り、しょうがを取り出す。はちみつを加えて中火で熱し、煮立つ直前に火を止める。**B**を加えてゴムべらでよく混ぜ、ゼラチンを溶かす。

3 ボウルに移し、ボウルの底を氷水にあて、やさしく混ぜながら軽くとろみがつくまで冷ます（**a**）。

4 別のボウルに生クリームを入れ、ボウルの底を氷水にあてながらハンドミキサーの高速で泡立てる。とろみがつき、すくうととろとろと流れ落ち、あとがすぐに消えるくらい（六分立て）になったらOK（**b**）。

5 **4**に**3**を2回に分けて加え、そのつど片手でボウルを回しながら、ゴムべらで底からすくい返すようにして全体を20回ほど混ぜる。なじめばOK。容器に流し入れ、冷蔵室で1時間ほど冷やし固める。パンナコッタのできあがり。

6 金柑ジュレを作る。耐熱ボウルにシロップ60gと**C**を入れる。ラップをせずに電子レンジで20秒ほど加熱する、を2回繰り返す。ゴムべらでよく混ぜ、ゼラチンを溶かす。

7 **6**にシロップ140gを加える。ボウルの底を氷水にあて、ゴムべらでやさしく混ぜながら冷ます（**c**）。氷水からはずし、金柑とはちみつのコンポートを加えて混ぜる。金柑ジュレのできあがり。

8 **5**のパンナコッタに**7**の金柑ジュレを流し入れ（**d**）、冷蔵室で3時間ほど冷やし固める。

a

b

c

d

138

# みかんのコンポート

横半分に切って見た目もかわいらしく。下準備が少なく、簡単に作れるのでみかんをいただいたり、箱買いしたときにもぴったりです。そのまま食べるより深い甘みを楽しめます。

[ **材料と下準備** ] 作りやすい分量
みかん … 小6個（正味300g）

 ━▶ 皮をむいて白い筋を取り除き( a )、横半分
   に切る( b )

A
 ┌ 水 … 300g
 │ グラニュー糖 … 50g
 │ 　（水の重量の約16.5%）
 │ はちみつ … 50g （水の重量の約16.5%）
 └ レモン果汁 … 10g

**1**　鍋に**A**を入れて強めの中火で煮立て、グラニュー糖を溶かす。弱火にしてみかんを加え、落としぶたをして10分ほど煮る。火を止め、そのまま冷ます。

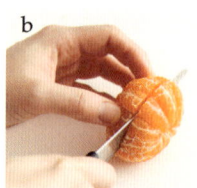

140

┌─────────────┐
│ 保存期間 │
│ 冷蔵で約1週間 │
└─────────────┘

# みかんの温白玉

以前にいただいた「みかんもち」を参考にしました。白玉だんごにもみかんのコンポートを練り込んで味をつけます。薄皮はやわらかくなっているのでいっしょに混ぜます。

［ 材料と下準備 ］ 3人分

白玉だんご

A
- 白玉粉 … 50g
- みかんのコンポート（左記）
  … 50g
  ➡ 汁けをきる
- グラニュー糖 … 5g

みかんのコンポートの
　シロップ（左記）… 5〜10g

みかんのコンポート（左記）… 半割6切れ
➡ 汁けをきる

みかんのコンポートの
　シロップ（左記）… 適量

note

・作り方4で温めず、冷たいままいただいてもおいしいです。

1　白玉だんごを作る。ボウルに**A**を入れ、みかんのコンポートを手でつぶしながら混ぜる（**a**）。シロップを少しずつ加えながら耳たぶくらいのかたさになるまでこねる（**b**）。

2　12〜15等分（1個約7gが目安）にして丸め、指で真ん中を押さえてくぼませる（**c**）。

3　鍋にたっぷりの湯を中火で沸かし、**2**を1〜2分ゆでる。浮き上がってきたらお玉ですくい（**d**）、冷水に取って冷ます。白玉だんごのできあがり。

4　鍋にみかんのコンポート、シロップ、**3**の白玉だんごを入れて弱火で熱し、温める。

a　　　　　　　　　　　b

c　　　　　　　　　　　d

141

## 加藤里名

菓子研究家。大学卒業後、会社員として働きながら「イル・プルー・シュル・ラ・セーヌ」の菓子教室でフランス菓子を学び、退職後に渡仏。パリのLE CORDON BLEUの菓子上級コースを修め、その後は人気パティスリー、LAURENT DUCHÊNEにて修業。帰国後の2015年より東京・神楽坂にて「洋菓子教室Sucreries」を主宰し、クッキー缶の通信販売や百貨店の催事への出店、メディアへのレシピ提供など、幅広く活動中。著書に『パウンドケーキ 無限レシピ』『そのまま食べてもおいしい！ ふわふわスポンジ生地のお菓子』『あれもこれも作れる！ パウンド型のいちばんおいしいお菓子たち』『ナンバーケーキ』（すべて主婦と生活社）、『はじめてのクッキー缶』（家の光協会）、『レモンのお菓子づくり』（誠文堂新光社）など。

| | |
|---|---|
| 調理補助 | 森本成美　新名綾子　松島幸恵 |
| 撮影 | 鈴木静華 |
| スタイリング | 駒井京子 |
| デザイン | 三上祥子（Vaa） |
| 文 | 佐藤友恵 |
| 校閲 | 安藤尚子　河野久美子 |
| 編集 | 小田真一 |
| 撮影協力 | UTUWA |

**読者アンケートにご協力ください**

この度はお買い上げいただきありがとうございました。『くだものの保存食とお菓子』はいかがだったでしょうか？
下のQRコードからアンケートにお答えいただけると幸いです。今後のより良い本作りに活用させていただきます。
所要時間は5分ほどです。

＊このアンケートは編集作業の参考にするもので、ほかの目的では使用しません。詳しくは当社のプライバシーポリシー（https://www.shufu.co.jp/privacy/）をご覧ください。

# くだものの保存食とお菓子

| | |
|---|---|
| 著　者 | 加藤里名 |
| 編集人 | 束田卓郎 |
| 発行人 | 殿塚郁夫 |
| 発行所 | 株式会社主婦と生活社 |

〒104-8357　東京都中央区京橋3-5-7
　［編集部］☎ 03-3563-5129
　［販売部］☎ 03-3563-5121
　［生産部］☎ 03-3563-5125
https://www.shufu.co.jp
jituyou_shufusei@mb.shufu.co.jp

製版所　東京カラーフォト・プロセス株式会社
印刷所　共同印刷株式会社
製本所　株式会社若林製本工場

ISBN978-4-391-16265-3